대박
창조는 도전이다

일러두기

1. '대박을 향한 워밍업'에 언급하는 간단한 의견과 아이디어들은 불현듯 드는 생각들을 모아놓은 것입니다. 이미 해당 아이디어로 특허를 낸 분들이 있을 수도 있습니다. 사고의 폭을 넓힐 수 있다는 예시 정도로만 보아 주시기를 바랍니다.

2. 국립국어원의 어문규정에 따랐으며, 단행본은 『』, 신문·잡지·영화 등의 작품명은 「」, 경연대회·전시·축제 등의 행사는 〈〉로 표기했습니다.

대박
창조는 도전이다

천기화 지음

살림

프롤로그

'창조'라는 이 오래된 단어야말로
우리 삶의 성공과 실패를 가르는 중요한 가치다.

화두는 창조다

21세기 대한민국의 화두는 '창조'다. 어떤 사람들은 '그게 뭐 어떻다는 거야?'라는 반응일 수도 있겠다. 너무 오래 그리고 많이 들었으니까. 마음이 조금 시큰둥해진 사람들 중에는 창조라는 단어가 익숙해져 버린 경우가 많을 것이다. 창조라는 단어가 삶에 녹아들면 어떤 변화가 생기는지를 체험해 보지 못한 사람도 다수 있을 것이라고 감히 짐작해 본다. 그리고 자신 있게 말한다. 이 오래된 단어야말로 우리 삶의 성공과 실패를 가르는 중요한 가치라고 말이다.

창조는 인류가 시작된 순간부터 지금 이 순간까지도 계속 존재한다. 천지창조처럼 유난할 필요도 없다. 동굴 바닥에 굴러다니던 돌멩이 하나를 깨트리고 뾰족하게 만들어 도구로 사용하기 시작한 일이 창조다. 번갯불에 타 버린 흙덩이가 딱딱해지는 것을 발견한 뒤 그릇을 만들어 굽고, 생활에 여러 용도로 사용한 것도 창조다. 사냥이 잘되기를 바라는 마음을 담아 동굴 벽에 벽화를 그린 것도, 사냥 생활을 하다 튀어나왔을 언어도 역시 창조의 결과물이다.

이렇게 생각하면 창조는 발명과 거의 비슷한 말이다. 물론 그림을 그리거나 작곡을 하는 등의 창작도 창조의 일환이다. 하지만 이 책에는 창조와 발명을 혼용해 사용하기로 한다. 나 자신이 특허를 100개 이상 보유하고 있는 발명가이기도 하니, 이 부분의 용어 혼용은 독자들이 양해해 주시기를 바란다.

새로운 생각, 발견과 발명을 통해 좀 더 삶을 편안하게 만드는 것. 이것이 바로 창조다. 이 말을 발명가 입장에서 생각하면 현재 불편한 것을 개선한다는 말이다. 그런데 어떤 사람들은 창조를 굉장히 어렵고 막연하게 생각한다. 기술이 너무 발전해서 그런지도 모른다. 삼성과 애플의 특허 전쟁을 보다 보면 발명이라는 건 꼭 전문적인 박사급 연구원들만 가능하다고 착각하기도 한다. 하지만 실상은 그렇지 않다. 발명은 의외로 쉬운 곳에서 출발할 수 있다.

"지금 나한테 불편한 게 있는데, 이걸 좀 더 편하게 쓸 수 없을까? 아, 이런 방법이 있네!"

이런 고민 하나가 의외의 결과물로 이어질 수 있다. 예를 들어 보겠다. 우표가 처음 나왔을 때는 일일이 칼로 자르고 붙여야 했다. 이것이 귀찮았던 어떤 사람이 재봉틀로 종이에 구멍을 냈다. 그는 이 하나의 아이디어로 얼마를 벌었을까?

과거만 해도 번화가의 술집에 가면 테이블에 앉아 서빙하는 사람들을 부르는 것이 고역이었다. 아무리 '여기요! 여기요!' 외쳐도 오지 않는 종업원들. 이것이 너무 불편했던 일반인은 벨을 테이블에 붙이는 아이디어를 냈다. 이제 우리는 벨만 누르면 되고, 종업원들은 어디서 부르는지 빠르고 정확하게 알 수 있다. 어느 쪽이든 부르고 대답하는 간단한 일 자체에 힘을 크게 들이지 않아도 되는 것이다. 이제는 그것조차 귀찮아하는 사람들이 있다. 이들은 테이블에 마련된 터치스크린으로 메뉴를 확인한다. 그리곤 종업원을 거치지 않고도 터치 몇 번으로 바로 주방에 주문할 수 있다.

 이렇게 잠깐의 고민이 창조를 이끌고 부가가치를 만든다. 지우개를 자주 잃어버리던 어느 미술 학도는 귀찮음을 해결하기 위해 연필 뒤에 지우개를 달아 놨다. 그리고 이 간단한 생각만으로 백만장자가 됐다. 끈끈이를 활용해 바퀴벌레 잡이를 만든 일본인은 수억 엔을 벌었다고 한다. 이렇게 일상 속에서 태어나는 발명은, 즉 자신만의 창조는 이렇게 대박을 만들어 내는 것이다.

창조력을 키우는 다섯 가지 자세

그렇다면 과연 우리는 창조적으로 사고하기 위해 무엇을 해야 할까? 그간 100여 건의 특허와 50여 건의 실용신안, 디자인, 상표 등을 해 오면서 나는 창조를 잘하기 위해 갖춰야 할 능력으로 세

가지를 생각해 봤다. 이를 말하기 전에 우선 짚어 봐야 할 것은 창조를 위한 마음가짐이다. 마음이 어느 정도 갖춰지면 서서히 창조력도 생겨날 것이다.

첫째, 불편한 것은 그냥 참고 넘어가지 말라는 것이다. 불편이 있다면 그게 당연하다고 생각하지 말고 개선하라. 매번 바닥을 빗자루로 쓸고 나서는 똑같은 자리를 또 걸레질을 해야 하는 게 불편했던 한 주부가 스팀다리미 밑에 헝겊을 대는 아주 간단한 원리로 스팀청소기를 발명했다. 우리나라의 자랑스러운 여성 발명왕으로 불리는 한경희 대표 얘기다. 한경희 대표는 이 제품으로 1,000억 원대의 매출 신화를 기록했다.

스팀다리미도 비슷한 역사를 갖는다. 전기다리미는 1882년 미국의 실리라는 사람이 발명한 것이다. 하지만 온도 조절 기능이 없었고, 다리미질을 할 때 옷 위에 흰 천을 덧대어 옷이 타는 것을 막아야 했다. 낭비하게 되는 천이 이만저만이 아니었다. 그러다가 미국의 제이미라는 여자가 듀퐁사의 화학섬유를 다리미에 덧댈 생각을 했다. 이 화학섬유는 400도의 고온에서도 멀쩡하다는 특징이 있었다. 제이미는 다리미 덮개 특허 로열티 계약을 한 의류회사와 체결할 수 있었고 그 의류회사는 아이언코드란 이름으로 제품을 출시해 큰 이익을 볼 수 있었다고 한다. 최근에는 여기서 더 나아갔다. 무거워서 불편하다는 단점을 벗어 던진 휴대용

다리미도 등장한 것이다.

현대 여성들이 사회로 진출하는 데 가장 결정적 역할을 한 것은 세탁기라는 말도 있다. 매번 물에 불리고 비비고 삶고 말리면서 수시간씩 걸리던 귀찮고 힘든 빨래를 기계가 대신해 주기 시작하자 여성들이 활용할 수 있는 시간이 생긴 것이다. 이처럼 창조는 불편에서 시작된다.

다음으로 둘째, 하늘 아래 새로운 것은 없다는 것이다. 에디슨이 만든 전구도 결국 그 전의 발명들이 쌓이고 쌓여서 세상에 나타날 수 있었다. 축음기도 마찬가지다. 밑도 끝도 없이 나타나는 발명은 거의 없다. 과학의 발전 그래프를 본 적이 있을 것이다. 처음에는 기울기가 완만하다가 어느 시점부터 갑자기 선이 급격히 위로 솟는다. 그 시점은 대략 산업혁명 전후와 일치한다. 왜 그럴까? 갑자기 사람들이 똑똑해진 것일까? 전혀 그렇지 않다. 인류는 예전에도 위대했고, 지금도 위대하고, 미래에도 위대할 것이다. 종이의 발명을 보라! 피라미드를 보라! 컴퓨터를 보라! 우주 정거장을 보라!

이렇게 급격한 커브가 나타나는 이유는 '지식의 누적' 덕분이다. 산업혁명 이전에는 특별한 과학의 발전이 없었다. 끽해야 종이, 숫자, 바퀴 정도다. 새로운 창조의 밑바탕이 되어야 할 기본 지식이 부족할 수밖에 없다. 이러니 진보의 속도가 느린 것이 당연하다. 하지만 실크로드와 십자군 전쟁 등을 통해 동양의 과학이 유럽으로 전수되면서 지식은 폭발적으로 늘어났다. 증기기관부터 시작해서 새로운 발명들이 줄지어 나타나게 되는 것이다.

새로운 발명은 결국 또 다른 발명의 밑거름이 되어 주는 것이고, 이렇게 인류의 창조적 사고의 폭은 기하급수적으로 늘어난다. 뜬금없이 새로운 것이 튀어나오기를 바라는 것은 창조적 사고가 아니다. 현재 우리가 가진 기술과 여건들을 면밀히 살펴서 다음 창조의 기반으로 이어가야 한다.

그런데 동양은 진작에 과학이 발전했는데 오히려 산업혁명 등 본격적인 합리적 사고에는 왜 도달하지 못했을까? 동양인으로서 이 부분은 상당히 안타까운 부분이 아닐 수 없다.

셋째, 다양하게 관심을 가지라는 것이다. 여러 분야에 소양이 있어야 창조의 아이디어를 현실화시켜 줄 방법을 다양하게 고민할 수 있다.

그렇다고 해서 전문성은 갖추지 못하고 이것 저것에 마구 얼씬거려도 안 된다. 나 본인으로 얘기하자면 내 150개 넘는 지적 재산권들 중에서 건설 분야와 관련된 것이 50퍼센트가 넘는다. 이 분야가 내가 가장 자신 있는 부분이라는 말이다. 하지만 나머지 특허들을 보면 막걸리나 골프 도구, 우유병, 청소기, 신발, 다도 도구 등 종류가 다양하다.

즉 자신의 전문 분야에 관해서는 철저히 탐구하되 여기서 뻗어 나갈 수 있는 다양한 분야에도 어느 정도는 소양을 갖춰야 한다는 것이다. 사실 이를 위해서는 무척이나 부지런해야 한다. 나는 포항공대, 연세대, 서울대, 동국대 등 여러 대학의 최고 경영자 과정을 다녔다. 다양한 분야를 공부하고 싶다는 열망 때문이었다. 이런 공부가 아니었으면 지금의 나도 없었을 것이다. 특허의 수도 지금의 절반이나 될까?

부지런해지기가 자신 없다는 사람도 있을 것이다. 이런 마음가짐을 갖고 있다면 당장이라도 뜯어고쳐라. 인생은 그리 만만한 것이 아니다. 계속해서 긴장하고 싸워야 그나마 평범하게라도 살 수 있는 것이 인생이다.

넷째, 진정성이 결국 창조의 토대임을 명심하자. 세상에는 쓸데없는 발명도 있다. 이 발명품들을 모아서 일본에서 발간된 책이 있다. 읽다 보면 웃음이 터져 나온다. 늦잠 자는 주부들을 위한 '잘 다녀오세요' 피켓, 귀걸이를 떨어뜨려 잃어버릴 것을 예방해 주는 귀걸이 받침대 등 온갖 쓸데없는 발명들이 재치 있게 소개되어 있다.

이들 발명들의 공통점은 무엇일까? 내 눈에는 '인간에 대한 진정성'을 잃었다는 것으로 보인다. 남편은 '잘 다녀오세요'란 피켓을 보고 싶은 게 아니라 아내의 목소리가 듣고 싶은 것이다. 여자들은 귀걸이를 잃어버리지 않기 위해 흉한 받침대를 걸고 다니지 않는다. 약간의 위험은 감수하더라도 좀 더 아름답게 보이기를 원한다.

일본 게이힌급행전철주식회사는 직원들의 만족도를 조사하기 위해 스마일 체크라는 소프트웨어를 만들었다. 매일 아침 직원들의 웃는 모습을 사진으로 찍어 점수를 매기는 방식이었다. 당연히 직원들은 아침마다 억지로 웃음을 짓는 연기를 해야 했고 오히려 스트레스가 늘었다는 보고가 있다. 탁상공론의 전형적인 경우다. 직원들이 원하는 복지는 억지로 웃도록 강제하는 것이 아니라, 활기차게 일할 수 있는 환경을 조성해 주는 것이다.

약간의 불편함은 최근의 유행이기도 하다. 이케아는 직접 가구를 조립해서 써야 한다. 과거에는 모든 가구가 다 조립되어서 나왔었다. 그러다가 자신의 입맛에 맞게 직접 가구를 만드는 이케아의 상품이 시장에 출시됐는데 반응이 폭발적이었다. 사람들의 감성을 자극한 것이다. 어릴 때 장난감 로봇을 만들던 심정과 비슷하게 사람들은 가구를 만들기 시작했다. 이케아의 잉그바르 캄프라트 회장은 부자들이 많기로 소문난 나라 스위스에서도 자산이 제일 많은 사람이라고 한다. 결국 발명은 인간미를 놓치지 말아야 한다. 이를 읽으려는 노력, 그것이 바로 진정성이다.

다섯째, 시대를 읽으라는 것이다. 방금 말한 이케아의 경우야말로 시대를 바로 읽은 정확한 예가 될 수 있다. 2000년 전까지만 해도 세계는 획일화의 시대였다. 획일적 헤어스타일, 획일적 양복, 획일적 구두, 획일적 빌딩, 획일적 사무실! 그러나 지금은 어떤가? 우리는 '우리만의 것'을 원하기 시작했다. 남과 똑같은 것이 싫다. 무언가 달라야 한다. 친구 집에서 본 책꽂이가 우리 집에도 있는 걸 원하지 않는다. 이런 인식의 흐름을 잉그바르 캄프라트는 정확히 짚어낸 것이다.

또 다른 예를 보자. 이제 저가 항공 시장은 안정기에 접어들었다는 평가다. 국민들의 소득 증가, 제주도 관광 상품의 발달 등 여러 이유에 따라 인천-제주 간 항공 이용 수요가 늘어난 것이 가장 큰 원동력일 것이다. 과거 대형 항공사들은 이 변화에 제대로 대응하지 못했다. 서비스는 여전히 훌륭했다. 공항 라운지도 훌륭했다. 하지만 가격이 비쌌다. 여러 도시를 운행하느라 적자나는 구간을 인천-제주 구간이 상쇄하고 있다는 생각도 들었을지 모른다.

반면 저가 항공은 달랐다. 서비스나 라운지의 수준이 조금 떨어졌다. 하지만 가격이 저렴했다. 제주를 자주 다녀야 하는 사람들에게 이것은 최적의 선택 조건일 수밖에 없다. 사람들이 원하는 건 기내의 고급 서비스와 훌륭한 라운지에서의 휴식이 아닌, 빠르고 저렴한 이동이라는 점을 저가 항공이 간파한 것이다. 이를 위해서 사람들은 약간의 불편함도 감수할 수 있었던 것이다.

유행은 끝없이 변하고 시장과 환경도 마찬가지다. 산업혁명 시대에 석유는 그리 유용한 원료는 아니었다. 당시에만 해도 석탄이 세계 제일의 에너지 공급원이었다. 물론 그 이전에는 나무를 주로 썼고 말이다.

그런데 석유 시대를 지나서 원자력 시대가 찾아왔다. 최근에는 또 어떤가? 세일가스라는 게 나왔다. 앞으로 찾아올 21세기의 또 다른 변화를 읽지 못한다면 대박에 대한 꿈은 일장춘몽일 뿐이다.

창조력을 뒷받침하는
세 가지 능력

자! 이 다섯 가지 마음가짐으로 살아갈 준비가 됐다면 이제 창조를 위한 기본 능력이 서서히 갖춰질 것이다. 훌륭한 자세로 살아간다는 것은 훌륭한 능력을 쌓기 위한 기본 조건이기 때문이다. 그렇다면 우리에게는 어떤 능력이 생기게 될까? 좋은 창조, 유익한 창조를 위해 꼭 필요한 능력 세 가지를 알아보자.

첫 번째는 관찰력이다. 주변 사물을 유심히 바라보는 습관이 없다면 창조는 아주 어려운 작업이 된다. 그러나 이 습관에 익숙해진다면 여러분 앞에는 놀라운 세계가 나타날 것이다. 그 전에는 들리지도 보이지도 않았던 것이 눈에 들어올 것이다. 그리고 잠시 잊고 살았던 가슴 속의 열정이 피어나는 경험을 할 수도 있다.

혹시 버스 정류장을 유심히 본 적이 있는가? 정류장 옆면을 보면 광고를 밝히기 위해 전기가 꽤 사용되고 있다. 그냥 무심코 넘어가기 쉬운 일이다. 하지만 자세히 들여다보니 형광등을 이용하는 정류장이 꽤 있었다.

'이러면 전력 낭비가 만만치 않을 텐데.'

특히 서울 같은 대도시는 거의 24시간 정류장을 밝혀 놓기 때문에 여기서 전기를 절약할 수 있다면 꽤 대단한 사회 공헌이 되겠다는 생각이 들었다. 그리고 나니 문제를 해결해야겠다는 마음이 생겼다.

관찰력 뒤에 자연스레 따라오는 두 번째 능력은 상상력이다. 주변에서 갑자기 드러난 낯선 세계에 필요한 것은 과연 무엇일까 상상해 보는 것이다. 그러다 보면 온갖 창조의 가능성이 열린다.

버스 정류장의 전력 낭비를 줄이기 위해서 어떤 작업을 해야 할지 생각해 봤다. 우선 형광등을 다 LED 조명등으로 바꾸는 것이 순서였다. LED등이 형광등에 비해 전력 낭비가 적기 때문이다.

LED등은 전기 절약 말고도 장점이 많다. 우선 친환경적이다.

수은이 전혀 함유되지 않았고 온실가스도 만들지 않는다. 유지와 보수가 간편할뿐더러 형광등보다 훨씬 다양한 색상을 구현할 수 있다. 사실 여기까지는 평범한 생각이다. 이미 LED등의 탁월함에 대해서 모르는 사람은 별로 없으니 말이다.

그러니 여기서 생각을 멈출 수 없다. 나만의 것으로 발전시켜야 하니까. 나는 그 뒤로 생각을 더 이어 봤다. 에너지 공급원 자체를 태양열로 하면 어떨까? 정류장 위는 텅 비어 있으니까 여기에 태양열 건전지를 설치하는 것이다. 낮에 충분히 충전한다면 꽤 쓸 수 있을 것이다.

기왕이면 버스 정류장에 운동기구도 설치하자. 스트레칭 기구나 자전거 같은 것을 달아 놓고 여기서 시민들이 운동할 수 있게 만들면 어떨까? 그리고 이 운동기구에는 발전기를 달아서 시민들의 운동에너지를 전기에너지로 변환시키도록 한다면? 여기에는 이런 문구가 들어가면 좋겠다.

"여기서 운동하시면 전기가 되어서 정류장의 불을 밝힙니다."

언젠가 TV에서 자전거를 타서 전구나 형광등을 밝히는 실험을 하던 개그맨들처럼, 참여와 재미를 섞는다면 사람들은 자연스레 운동기구에 호기심을 붙일 것이다. 정말로 그게 되겠냐고 반문할 분들을 위해 미리 한 마디 적어 놓는다. 아직 결과를 얻지 않았다면 상상이 뻗어 나가는 방향은 무한해도 좋다고.

마지막으로 생기는 능력은 적극성이다. 머릿속에 상상한 것을 실제로 만들어 보려는 듬직한 행동력 말이다. 그리고 그 결과가 괜찮다는 확신이 들면 실제로 상품화하려고 노력도 해 보는 추진력이 바로 그것이다.

신개념 버스 정류장의 기본적 구상이 끝나자 바로 특허를 내고 포항시에 제안했다. 여기에 다음과 같은 기대 효과를 써서 관계자를 찾아갔다.

하나, 신재생 에너지 의무 사용이라는 정부 시책을 적극 수용하는 신개념 버스 정류장입니다.
둘, 길을 밝혀서 가로등 역할도 합니다. 우범 지역의 범죄율을 낮출 수 있습니다.
셋, 향후 보안등이나 전력 확보가 곤란한 장소에서 전력 공급난을 해결하는 데도 응용될 수 있습니다.

결과는 성공이었다. 실제로 포항시 몇 곳에 버스 정류장을 설치할 수 있었다. 관찰력, 상상력, 적극성 이 세 가지 능력으로 이룬 결과물이다. 독자들께 실감이 나는 이야기였기를 바란다.

그리고 이 세 능력을 포괄하는 가장 중요한 힘이 있다. 바로 도전 정신이다. 이 책의 부제가 '창조는 도전이다'인 이유다. 무엇에

도전할 것인가? 다른 게 아니다. 바로 자신에게 도전해야 한다. 자신의 한계를 극복하고 성취를 일구어 나가는 사람의 이야기는 꼭 스포츠에만 해당되는 게 아니다. 여러분도 성취를 통해 자아를 만들어 갈 수 있다.

지금의 힘든 현실을 벗고 더 나은 미래를 주도해 가고자 한다면 결국 가장 필요한 힘은 도전할 수 있는 정신력이다. 관찰에도 도전 정신이 필요하고, 상상하기 위해서도 도전 정신이 필요하다. 적극성이야말로 도전 정신을 가졌을 때 생기는 가장 훌륭한 덕목이다. 물론, 말로 전달할 때는 간단한 것 같지만 실전에서는 어려움이 따른다. 다른 이유가 있어서가 아니다. 그동안 해보지 않았기 때문, 익숙하지 않기 때문이다. 그러니 누구나 자신감을 갖고 시작하면 좋은 결과를 얻을 거라 믿는다.

나는 이런 능력의 토대를 마련하는 데에 1년 정도의 시간이 필요했다. 독자들은 그 기간이 더 짧을 수도 있고 길 수도 있다. 하지만 분명한 것은 그 어느 누구나 충분한 연습 과정을 거친다면 충분히 창조적 사고를 할 수 있다는 것이다.

이것은 재능의 문제도 아니고, 지능의 문제도 아니다. 오로지 연습의 문제다. 내 이야기에 공감했다면 지금부터 함께 창조적 사고를 시작해 보자.

대박을 향한 워밍업!

1. 익숙함에서 벗어나라 → 관찰력 키우기
2. 하늘 아래 새로운 것은 없다 → 내 것으로 만들어 응용하기
3. 관심의 폭을 넓혀라 → 상상력 키우기
4. 진정성이 성공의 토대다 → 적극적으로 행동하기
5. 시대의 흐름을 읽어라 → 편견 버리고 눈 크게 뜨기

프롤로그 5
화두는 창조다
창조력을 키우는 다섯 가지 자세
창조력을 뒷받침하는 세 가지 능력

1부 창조력을 키우는 다섯 가지 자세

1장 익숙함에서 탈출하라 29

생애 최초의 발명
불편을 편리로 바꿔낸 사람들
최고결정권자를 만나라
창조적 사고가 국격을 바꾼다

2장 하늘 아래 새로운 것이 없다 49

온고지신의 의미
간단한 발상이 창조의 시작
프레지어 렌즈 이야기
문명은 영원히 발전한다
미래의 기술들
코끼리에게서 브랜드를 창조하다

3장 관심의 폭을 넓히자 77

통섭적 사고
진정한 통섭이란
수학능력시험이 시작된 이유
메모지를 놓지 마라
정보의 바다
독도 사랑 막걸리
생활 속의 독도 사랑

4장 진정성이 성공의 토대다 107

불편함은 발명의 어머니
배고픈 사람들에게 희망을
희망은 언제나 곁에 있다
창조의 목적을 놓치지 마라
활동의 기본 자세
실제로 경험하게 하기
전쟁이 과학 발전을 주도하다

5장 시대의 흐름을 읽어라 133

뉴턴에서 아인슈타인으로, 또 호킹으로
소비자에게 눈을 돌려라

상온재생아스콘 리바콘
워크맨을 놓친 회사들
리바이스의 위기와 기회
기회를 잡는 법
한동알앤씨그룹 이야기
나무 수천만 구루를 보호한 발명
비아그라도 사회 공헌을?

2부 창조력을 뒷받침하는 세 가지 능력

6장 관찰력을 키워라 171
관찰이 창조로 이어진다
에버그린로드카
냉장고도 관찰의 산물
SNS를 활용하라

7장 상상력으로 가치를 만들어라 183
1조원 클럽을 목표로
목표가 있는 상상을 하라
모방에서 창조가 시작된다
구글의 상상력

8장 적극성으로 돌파하라 201

용기를 가져라
무조건 알려야 한다
직접 보여 줘라
실패에서 배워라
100퍼센트를 목표하라
영업력을 갖추거나 능력자를 모셔라
직장에서도 계속된 창업의 꿈
두 번째 회사를 세우다

9장 도전 정신으로 창조하라 225

운과 둔과 근
최대의 위기
행운은 만드는 것이다
살펴보고, 고민하고, 떠올려라

에필로그 239
대박에 대하여
책을 마치는 마음

도움받은 책들 247

1부
창조력을 키우는 다섯 가지 자세

1장
익숙함에서 탈출하라

도전의 시작은 익숙함에서 스스로 벗어나는 것!

생애 최초의
발명

"익숙했던 것에 익숙해지지 말아야 합니다."
내가 어디에 가서 이렇게 이야기하면 말장난 같다고 허허 웃는 분들이 있다. 그런 오해나 웃음을 이해 못 하는 바도 아니다. 하지만 익숙한 것에 익숙해지지 말아야 한다는 말은 내가 삶에서 터득한 창조의 시작이다. 익숙함을 버리라는 말은 세상을 낯선 눈으로 바라보라는 뜻이다. 내 첫 발명도 그렇게 시작된 것이다. 이를 소개하기 위해서 내가 하는 일 중 하나인 건설폐기물 중간처리업에 대해 이야기해야 될 것 같다.

한동알앤씨의 주업종은 건설폐기물 중간처리업과 상온재생아스콘(리바콘) 제조업이다. 1998년 2월에 포항에서 사업을 시작했다. 1년이 지난 1999년 3월, 정식으로 건설폐기물 중간처리업에 관한 허가를 받고 사업은 날개를 펼쳤다.

사업 초창기에 겪었던 제일 큰 어려움 중 하나는 대형 트럭에 싣는 폐기물의 무게였다. 예를 들어 15톤 트럭이라 하면 법적으로 실을 수 있는 축 하중이 10톤이다. 그 이상이 되면 '과적 차량'으로 분류되어서 기사와 사업장에 이중으로 과태료가 나온다. 하지만 일을 하다 보면 더 많이 싣는 경우가 많다. 일부러 그런다는 말이 아니라 10톤을 정확히 따져서 트럭에 싣는다는 것이 실무적으로 어렵다는 말이다. 게다가 이 10톤 또한 트럭에 균등하게 분포되어야 한다. 한쪽으로 무게가 쏠리면 축 하중 10톤 이상이 된다.

몇 번 과태료를 내다 보니 안 되겠다는 생각이 들었다. 그래서 고민하기 시작했다. 어떻게 하면 트럭에 폐기물을 실을 때 하중을 최대한 분산시킬 수 있는지를 말이다. 그래서 얻은 결과물이 바로 2005년 5월 20일에 특허 등록된 '차량의 중량 측정 장치 및 이를 이용한 차량의 중량 측정 방법'이라는 특허다. 쉽게 말해 트럭 완충기를 이용한 무게 감지 장치다. 이를 이용하면 트럭에 꽤 정확히 하중을 실을 수 있다.

이것이 시작이었다. 다른 사람들처럼 그냥 익숙해지지 않고 불편을 극복하기 위해 노력했던 것이 현재까지 이어져 2014년 1월 현재 107개의 특허를 보유하게 된 것이다.

여러분들도 주변에 어떤 불편이 있는지 지금이라도 한 번 살펴보자. 그리고 이것을 개선할 생각을 하자.

대박을 향한 워밍업!

내가 처음 발명 아이디어를 얻은 곳이 바로 내 사업장 환경이었다는 것에 주목하자. 여러분들이 접할 수 있는 곳에서부터 창조를 시작하는 게 좋다. 만약 당신이 학생이라면 '공부하는 방법'을 다양하게 연구해 보자.

공부를 잘하는 가장 좋은 방법은 끊임없이 '왜?'라고 묻는 것이다. 하지만 이런 습관을 가지는 것이 쉽지는 않다. 학생들에게 '왜?'라는 질문을 던지게 하는 방법이 있을까?

불편을 편리로
바꿔 낸 사람들

1800년대 초반까지만 해도 음식을 장기 보관할 때는 병에 살균한 음식을 넣고 밀봉했다. 업무의 성격상 거의 항상 공장에 붙어 있어야만 했던 영국인 주석 기술자 피터 듀란드는 제대로 된 식사를 할 형편이 안 됐다. 그래서 병조림을 자주 먹을 수밖에 없었다. 계속 병조림을 먹다 보니 몇 가지 단점이 눈에 띄었다.

"병마개가 정말 불편하다. 양초가 자꾸 병 속으로 들어가서 지저분해지네? 게다가 너무 무거워. 너무 잘 깨지고."

그는 자연스레 이런 단점들을 개선할 방법을 고민하게 됐다. 그러던 어느 추운 겨울날 병조림 속 음식을 따뜻하게 데워 먹기 위해 주변에 널려 있던 깡통으로 음식을 옮겨서 난로에 끓였다.

그때 그의 머릿속에 스치는 생각이 있었다.

"그래! 병 대신에 깡통으로 음식을 밀봉하면 훨씬 편리하겠어!"

그는 즉시 특허 출원에 나섰다. 병조림이 세상에 나온 지 10년 후인 1819년의 일이었다. 인기는 대단했다. 듀란드의 수입은 과거보다 10배 이상 늘었다. 하지만 안타깝게도 사업화되지는 못했다. 당시에는 통조림 생산 공정이 거의 수작업에 의지해 이뤄지던 때였기 때문이다. 통조림 주문이 들어오면 듀란드가 직접 일일이 납으로 뚜껑을 땜질해서 주는 형편이었으니 수요와 공급을 원활하게 만들지 못했던 듯하다. 그렇지만 획기적이었음은 분명하다.

본격적인 사업으로 이어지지 못해서 듀란드 개인에게는 아쉬운 일이었겠지만, 우리에겐 그에게서 기쁘게 배울 자세가 있다. 바로 자신의 불편에 익숙해져 버리지 않고 개선하려는 의지다. 그 의지가 있었기에 발명사에 그의 이름이 놓일 수 있었다고 생각한다. 몇 가지 사례를 더 이야기해 보겠다.

우리나라 사정이 어려웠던 과거에는 초·중·고등학교에 책상을 제대로 구비하기 힘든 경우가 많았다. 오죽하면 공간이 모자라 오전반과 오후반으로 수업이 진행됐을까. 모든 학교가 그러지는 않았겠지만, 그런 일이 비일비재했다. 그러니 나라 경제가 얼마나 어려웠는지는 말 다한 셈이다.

그래도 풍족함과는 상관없이 학생들의 장난끼는 예나 지금이나 마찬가지다. 구입하고 1년 정도 시간이 지난 책상들은 결국 칼자국과 낙서로 엉망이 되기 일쑤였다. 그리고 이런 학교 기물을 대상으로 때마다 물품을 교체하다 보니 물적 자원 낭비가 이만 저만이 아니었다. 낭비를 줄이기 위해 다른 나라의 사례를 찾아보았지만 신통한 수가 없었다.

"상판이 너무 심하게 훼손되면 뒤집어서 아랫면을 쓰고, 그래도 안 되면 책상을 새로 구입할 게 아니라 상판만 바꾸면 어떨까? 그럼 자원을 얼마나 절약할 수 있을까?"

이 간단한 아이디어가 세계 13개국 특허를 획득한 '양면 활용식 책상'의 시작이다. ㈜에리트퍼니처 박혁구 회장 이야기다.

지난 2013년 11월 5일, 〈2013 대학 창의 발명 대회〉에서 교육부 장관상을 수상한 작품은 김현일이라는 학생이 출품한 '입는 목발'이었다. 원리는 간단했다. 실용성도 확실했다. 앞으로 병원에서 목발 대신 '입는 목발'을 권할지도 모른다. 아마 김현일 군은 목발을 체험한 적이 있을 것이다. 그렇기에 불편을 직시하고 이를 개선할 생각까지 할 수 있었던 것 아닐까?

김 군은 '퇴행성 관절염을 가진 65세 이상 노인들'을 위해 이 발명을 했다고 한다. 지팡이나 보행기를 쓰다 보면 허리마저 굽어 버리는 모습을 보다 안타까운 마음이 들었다고 한다. 그래서 고민을 하다가 우리가 흔히 짚고 다니는 목발에 관절을 달아서 착용할 수 있게 만들었다. 그의 누나가 물리치료학과에 재학 중이라서 실무적 지식을 얻는 데에도 도움을 받았다고 한다.

그간 아무 생각 없이, 하지만 불편하게 써 오던 목발을 개량해 보겠다는 생각이 한 대학생을 발명왕으로 만들어 냈다.

우리 인생은 그리 순탄하지가 않다. 거의 모든 일에 불편과 불합리성이 끼어들게 되어 있다. 그러다 보니 대부분의 사람들은 이런 방해에 너무나 익숙해져 있다.

"원래 그런 걸 뭐." "방법이 없어."와 같은 안일한 사고가 만연하다. 우리는 우리 주변에 너무나 쉽게 익숙해지고 만다.

여기에 반항해서 더 나은 주변을 만들려는 시도를 하는 사람들이 역사의 맨 앞에 서게 된다. 만약 주변에서 그간 보지 못했던 새로운 물건이 나오면 들여다보라. 그 아이디어를 생각해 내기 위해 대단한 고민이 필요했을까? 의외로 아닌 경우가 많다.

그리고 그 물건을 한 발자국 더 발전시킬 고민도 해 보자. 아주 갑자기 훌륭한 아이디어가 툭 튀어나올 수 있다. 이것이야 말로 사람이 가진 축복이다.

창조적 사고를 갖고 능동적으로 삶을 살아갈 때 가장 먼저 눈에 띄는 변화는 인생의 항로가 바뀐다는 것이다. 아이디어뱅크를 설립한 박병기 개발실장은 초등학교 졸업이 학력의 전부였다. 목욕탕 때밀이부터 시작해서 구두닦이, 막노동판 등을 전전하며 살아왔던 그였다. 이런 그에게는 대박과 같은 성공의 길로 나아가게 된 바탕이 있다. 자신과 동료들이 겪는 불편을 해결하고자 하는 노력이 바로 그것이다.

그가 과일 행상을 하던 시절의 이야기다. 사과를 다 팔고 나면 골칫거리가 생기는데, 그게 바로 나무 상자라고 한다. 무게도 무겁고 보관도 보통 일이 아니었던 이 상자들을 해결하기 위해 고민하던 그가 개발한 것은 접는 상자였다. 이를 통해 1994년 스위스 제네바에서 열린 〈제22회 국제 발명 신기술 및 신제품 전시회〉에서 금상을 수상했다. 발명가로서의 새 인생이 시작됐다.

이후 그는 계속해서 특허를 출원했다. 국내에서는 삼성이 그의 좌우 문열림 장치에 대한 아이디어를 구매했다고 한다. 냉장고를 비롯한 모든 문에 손쉽게 부착할 수 있는 새로운 발명품이다.

솔직히 말하자면 나는 아직 접는 상자를 본 적이 없다. 아이디어 자체는 훌륭하다고 생각하는데 아직 제대로 보급되지는 않은 것 같다. 왜 좋은 아이디어가 보급까지 미치지는 못했을까 생각을 해 봤다. 경험에 미루어 보건대 제작 단가가 문제를 일으켰는지도 모르겠다. 아니면 접는 과정을 막상 시험해 보니 소비자 입장에서는 불편했을 수도 있을 것 같다.

그렇다면 접는 상자 말고, 그릇을 쌓듯이 겹쳐서 쌓을 수 있게 상자를 만들면 어떨까? 그러면 단가도 낮고 편리하기도 한 상자가 되지 않을까?

　창조적 사고를 통해 인생을 바꾼 사람들은 정말 많다. 앞서 말한 한경희 대표의 경우도 마찬가지다. 여성 발명가를 1명 더 꼽자면 이길순 대표가 있다. 휴대용 공기청정기 에어비타로 잘 알려진 그녀는 평범한 가정주부였다.

　주부로 지내던 시절 그녀는 가정용 공기청정기가 너무 크고 전기를 많이 쓴다는 점이 항상 불만이었다. 그러던 어느 날 휴대가 가능한 크기의 공기청정기를 만들어야겠다는 생각이 문득 들었다고 한다. 그리고는 혼자 힘으로 개발을 시작했고 끝내 특허를 따내고 말았다. 2014년 1월 까지도 에어비타는 홈쇼핑에서 인기 상품 지위를 놓치지 않고 있다. 10년 넘게 가정용 공기청정기 시장에서 선전을 거듭하는 것이다.

　아이디어 하나로 인생의 항로를 바꿔 이제 당당한 여성 사업가로 살아가는 그녀의 모습에 박수를 보내고 싶다.

대박을 향한 워밍업!
인체 공학을 적용하지 않으면 사람들에게 공감대를 얻기도 힘들고, 그만큼 판매까지 연결되기도 어렵다. 바닥이 딱딱해서 젊은 사람들에게 인기가 적은 돌침대에 인체 공학을 적용할 순 없을까?

최고결정권자를 만나라

좋은 아이디어가 생각났는데 자금이 부족하다면 어떻게 해야 할까? 투자자를 만나야 할 것이다. 그리고 가장 좋은 투자자는 대기업일 경우가 많다. 그렇다면 대기업의 투자를 이끌어 내기 위해서는 어떻게 해야 할까? 나는 이렇게 조언하고 싶다. 가장 높은 자리에 앉은 사람을 만나라고. 상대 기업의 최고 결정권자 말이다. 쉬운 일이 아닌 만큼 더 노력해야 한다. 음식물 처리기로 유명한 루펜의 탄생 이야기에서 독자 여러분이 영감을 얻길 바란다.

건조형 음식물 쓰레기 처리기를 개발해 2009년 당시까지만 무려 1,000억 원의 매출을 올린 바 있는 ㈜루펜리의 이희자 대표는 평범한 주부였다. 냄새 나는 음식물 쓰레기 봉투를 처리하기 위해 그녀는 2002년 당시 조금씩 시장에 풀리던 음식물 쓰레기 처리기들을 살펴보았다. 그러다가 깜짝 놀라지 않을 수가 없었다. 살만한 물건이 별로 없었던 것이다. 미생물 방식을 이용한 음식물 처리기는 시장에서 외면받고 있었고, 일본 수입품은 국내 사정과 맞지 않았다.

"남은 음식물을 말려서 버리면 참 좋을 텐데, 그런 생각을 왜 아무도 못 했지?"

그녀는 2003년에 창업을 하고 직원 4명과 함께 발명에 뛰어들었다. 여러 차례 시행착오를 겪었지만 포기하지 않고 달렸다. 3년이라는 긴 시간이 지난 후에야 드디어 완제품이 시장에 나왔다. 깔끔하고 예쁜 디자인이 주부들의 마음을 사로잡았고, 한국 음식에 맞는 방식과 성능 덕분에 사전 조사 때 "이 물건 참 좋다."라는 평도 많이 나왔다고 한다. 그런 만큼 기대감이 컸다. 하지만 판로가 만만치가 않았다. 제품이 참 좋기는 한데 팔아 주겠다는 유통망이 없었던 것이다. 일반인이 발명품을 시장에 갓 내놓으면 신뢰를 얻기가 어렵기 때문에 힘든 점이 굉장히 많다. 결국 이희자 대표는 직접 발로 뛰며 건설 업체 사장들을 직접 만나고 다녔다고 한다. 그리고 끝내 모델하우스 몇 곳에서 전시를 시작할 수 있었다. 이러한 노력이 기반이 되어 현재의 ㈜루펜리로 발전할 수 있었다.

루펜리는 국내 시장을 석권했을 뿐 아니라 해외에서도 좋은 평가를 받았다. 미국, 캐나다, 독일, 일본, 스페인, 아일랜드, 사우디아라비아, 두바이, 카타르 등 세계 곳곳에서 호의적 반응을 이끌어냈다. 심지어 미국에서는 디스포저 사용을 금지하도록 아예 법을 바꾼 주도 있다고 한다. 디스포저란 음식물을 분쇄해서 하수로 내려보내는 기계를 말한다.

  이 이야기에서 내가 독자들께 전하고픈 한 줄은, 이희자 대표가 직접 건설 회사 사장들을 만나기 위해 노력했다는 사실이다. 그리고 그 과정이 지금 말하고자 하는 바의 핵심이다. 무작정 건설 회사를 찾아가기도 하고, 그 회사의 사장이 사는 집까지 찾아갔다고 한다. 그리곤 부인에게 장문의 편지를 전하며 진심 어린 노력을 끝까지 기울였다. 이런 노력과 정성에 감동하지 않을 사람이 어디 있을까. 결국 사장을 직접 만나게 됐고, 제품 프레젠테이션도 할 수 있었다. 그 뒤 제품의 훌륭함을 인정받았고 이희자 대표는 모델하우스에 제품을 전시할 수 있게 된 것이다.

  큰 업체의 사장들에겐 이런 식으로 불쑥 찾아오는 사람들이 많다. 훌륭한 아이디어를 가진 사람도 간혹 있지만 별 것 아닌 생각을 자기 혼자서만 대단하다고 느껴서 찾아오는 경우도 많다. 사정이 이런데 모든 찾아오는 사람들을 업무에 바쁜 사장이 일일이 대응할 수는 없다.

삼성 그룹 이건희 회장의 명함을 보면 아무런 연락처도 없다. 그냥 '삼성 회장 이건희' 이렇게만 쓰여 있다. 만약 이메일이든 전화번호든 연락처가 있다면 금새 그의 업무가 마비될 것이기 때문이다. 그래서 규모가 큰 기업의 사장을 만나는 일은 유난히 더 어렵다. 게다가 한 계단씩 절차를 밟는다고 하더라도 비서진에서 다 자르고 만다.

그러니 자신의 아이디어나 발명을 큰 업체를 통해 알리고 싶다면 지극 정성을 다해야 한다. 그러지 않고서는 방법이 나올 턱이 없다. 어딘가 마음이 상하고, 서운하고, 암담한 기분이 드는 사람도 있을 것이다. 하지만 이것은 자존심을 생각할 문제가 아니다. 자신의 창조를 널리 알리고 삶에 새로운 항로를 개척하겠다는 가장 처음의 목적과 마음을 생각해야 한다. 가장 의욕적으로 다가서야 할 관문이다.

이게 무척 부지런해야 하는 일이기 때문에 보통 사람들은 잘 감당해 내지 못한다. 아마 스스로 게으름을 피우면서 해당 업체에 겨우 연락해 과장 정도의 사람과 약속을 잡고 만난다. 실컷 설명을 하면 해당 업체의 사람은 고개를 끄덕끄덕하면서 대부분 이렇게 말한다.

"정말 좋은 아이디어네요. 회사 내부에서 논의한 뒤 연락드리겠습니다."

어딘가 희망을 걸고 싶은 대답이지만, 절대로 여기까지 듣고 좋아하면 안 된다. 아주 특별한 경우가 아닌 이상 대부분 연락이 없을 것이기 때문이다.

해당 업체의 직원이 정말 그 제품을 좋아했는지도 의문이지만, 설령 좋아했다고 하더라도 과연 회사에서 당신의 제품에 대해 제대로 설명이나 할 수 있을까? 진심이 없고 포인트를 놓친 제품 설명을 들으며 내부에서 누가 공감을 하게 될까?

"이런 아이디어가 들어왔는데 어떠세요?"

아마도 이런 정도로 내부에서 전달을 하고 끝이 날 것이다. 당사자가 아닌 경우에는 진심 어린 프레젠테이션이 불가능하다. 자기 것은 자기가 가장 잘 설명할 수밖에 없다. 결국 타인이 전하는 당신의 아이디어는, 그 회사에 연락한 수많은 아이디어 중 하나로 묻힐 가능성이 크다. 사정이 이러니 사장이나 회장은 다른 생각을 하며 대충 흘려듣다가 말한다.

"쓸데없는 소리 하지 말고 자네 일이나 잘 하게."

자신의 창조가 '쓸데없는 소리'라는 취급을 받고 싶지는 않을 것이다. 그러니 아이디어를 홍보하고 싶다면 최고 결정권자를 만나라. 무슨 수를 쓰든 만나라. 최종적으로 결정을 내리는 것은 결국 최고 경영자니까.

단 명심할 게 있다. 자신의 아이디어가 지극 정성의 노력을 들

일만 한 지 미리 확인해야 한다. 혼자만의 자신감으로 승부하지 말 것. 남들의 의견도 자꾸 묻고 문제점을 계속 개선하면서 자신감부터 쌓아라.

대박을 향한 워밍업!
음식물 건조 기능과 분쇄 기능을 합치면 어떨까? 그럼 음식물 쓰레기 버리기가 훨씬 더 수월할 것 같다. 당신에게 번쩍 떠오른 아이디어가 있다면 그걸 구체화해 보길 바란다. 창조는 곧 관찰과 상상이다. 상상할 때는 눈치 보지 말것. 그저 마음껏 펼쳐라.

창조적 사고가
국격을 바꾼다

창조적 사고는 한 사람의 인생뿐 아니라 국격도 바꾼다. 인터넷을 돌아보다가 흥미 있는 자료를 본 적이 있다. 바로 인류의 역사에 남는 발명품들의 국적이다. 몇 가지를 언급해 보자면 다음과 같다.

미국에서 태어난 발명품은 비행기, 전화기, 컴퓨터, 키보드, 마우스, 트랜지스터, 중성자 폭탄, 입자가속기, 전자레인지, 전구, 핵무기, 핵잠수함, 항공모함, 액체로켓, 에어백, 와이퍼, 변속기, DNA 컴퓨팅, 델타로켓, 아크릴물감, 코카콜라, 태양전지, 핵폭탄 등이 있다.

유럽으로 넘어가 보자. 독일은 치약, 자동차, 노면 전차, MP3,

슐래플리 기호, 몰핀, 트롤리버스, 하이드로폰, 아스팔트, 헬리콥터, 로켓, 세균학, 의족, 아스피린, 녹음기, 핵분열 이론, 칩카드 등을 만든 나라다. 영국에서는 증기기관, 구축함, 잠망경, 전동기, 홀로그래피, 텔레비전, 엑스선 전산화 단층 촬영 기법, 터보제트, 전방 시현기, 월드웹 네트워크, 페니실린 등의 발명이 나왔다. 프랑스를 국적으로 한 것은 철근콘크리트, 수력발전, 사진기, 고무 타이어, 코발트블루, 열기구, 청진기, 열기구, 마가린, 통조림(정확히는 병조림) 등이 있다. 이탈리아도 라디오, 무선통신, 용수철, 콘돔, 전지, 풍속계, 온도계, 피아노, 피자, 기압계, 안경, 커피포트 등의 특허가 있다. 러시아는 과거 소련 시절부터의 발명품들이 많지만 최근 기술도 많다. 우주정거장, 분유, 지구 최강의 폭발물이라 불리는 차르봄바, 주기율표, 전신주, 인공위성, 다연장 로켓포, 고속 중성자로, RAR 파일, 모노레일, 전자 스핀 공명, 전파위성 항법 시스템 등이 그것들이다.

우리나라와 가까운 나라들은 어떨까? 중국은 역사적으로 종이, 화약, 나침반, 지폐, 인쇄술의 전통을 자랑한다. 그리고 일본은 CD-R, 네어다뮴 자석, 고속철도, 자판기, 팩시밀리, 플래시 메모리, 야기 안테나, 캠코더, 건전지, 외과 수술 로봇, 자기부상열차, 파상풍 치료제, 인공 다능성 간세포, 전기밥솥, 중간자 이론, 전신마취제 등의 발명 특허를 가졌다.

여기서 주목할 것은 세계 발명사에서 주도적인 역할을 한 나라가 '선진국'으로 불리고 있다는 사실이다. 발명과 창조를 향한 국민들의 열정과 그 마음의 크기가 곧 선진국의 지표가 된다는 반증이다. 혁신적인 발명과 창조가 얼마나 많은 부가가치를 창출하는지 암묵적으로 드러낸다고 설명할 수도 있을 것이다.

새로운 창조는 개인만이 아니라 국가적으로도 큰 부가가치를 창출한다. 당신의 창조가 대한민국이라는 나라를 더 돋보이게 할 수 있다.

대박을 향한 워밍업!

대한민국에 사는 당신은 생활에서 어떤 것이 불편한가? 누차 이야기하지만, 그 불편에 절대로 익숙해지지 말길 바란다. 그 익숙함에서 벗어날 각오가 됐다면 인생이 새로운 단계로 들어서는 경험을 할 것이다. 당신의 창조가 세계를 들썩이게 할 수 있다. 꼭 대단한 것이 아니어도 좋다. 전 세계인이 공감할 수 있는 창조에 도전해보자.

2장
하늘 아래 새로운 것이 없다

모든 발명품은 기존의 것이 다른 기술과 접목되어 재탄생한 것이다.
그러니 용기를 갖자.
당신의 능력은 당신이 상상하는 것 이상으로 놀라울 것이며,
시간과 정성을 들인 노력은 절대로 당신을 배신하지 않는다.

온고지신의
의미

하늘 아래 새로운 것이 없다는 말이 있다. 하루가 멀다 하고 새로운 발명품이 눈에 띄는 요새 세상에 '말도 안 돼!'라고 생각할지도 모른다. 과학 발전이 지지부진했던 옛 시대의 말이라고 치부하는 셈이다. 새로운 것이 주변에 너무나 많아 보인다.

하지만 그렇지 않다. 고전은 언제나 심오한 진리를 담고 있다. 특히나 나 같은 발명가들에게 있어 이 말은 일종의 좌우명 역할까지 한다.

돌이켜 보자. 정말 우리 시대의 발명품들이 뜬금없이 무(無)에서 튀어나왔는지. 곰곰이 생각해 보면 그렇지 않다는 것을 알 수 있다. 우리는 언제나 과거의 성과에 조금씩 변화를 주면서 발전했다. 앞서 말한 '지식의 누적'과 비슷한 얘기다. 이렇게 생각하면 세상에 획기적인 발명은 없는지도 모른다. 사실 창조라는 것은 발명보다는 '발견'의 영역이 아닌지.

세계 4대 성인 중 한 명인 공자는 이런 진실을 훌륭하게 통찰했다. 『논어』의 「위정편」에 나오는 말 중에 온고지신(溫故知新)이 있다. 쌓을 온, 옛 고, 알 지, 새 신. 이렇게 네 글자가 모여서 만들어졌는데 사전에서는 이 말을 '옛 것을 익혀 그것을 토대로 새로운 것까지 안다'는 말로 풀이했다. 두루두루 알아야 스승 노릇을 할 수 있다는 뜻이다.

해설 자체는 틀린 것이 없지만 나는 조금 더 깊은 의미를 이야기하고자 한다. 그것은 바로, 새로운 것은 결국 옛 것에서 나온다는 불변의 진리다. 이를 유념하면 창조라는 개념을 조금 더 깊게 이해할 수 있을 것 같다. 창조는 기존의 것들이 합쳐져서 아주 새로운 '무엇'이 태어나는 현상이라는 것을 말이다.

여기에 관한 예를 하나 들어 보겠다. 근래에 혁신과 창조의 상징으로 꼽힌 것은 아이폰이다. 애플에서 처음 이 기계를 발표했을 당시 사람들은 대단한 찬사를 보내곤 했다. '지금껏 보지 못했던 새로운 혁명'이라는 수식어를 붙이는 사람들이 많았고, 대부분 그런 찬사를 공감했다.

하지만 돌이켜보면 아이폰 이전에도 그와 유사한 제품들은 분명히 있었다. PDA가 대표적이다. 1998년경부터 이미 세상에 선을 보였던 PDA에도 메모, 일정, 주소록 등 지금의 스마트폰 기능의 상당수가 담겨 있었다. 하지만 결국 PDA는 시장에서 묻히고 말았다. 왜일까?

첫째, 정보통신망이 현재처럼 원활하지 못했다. 무선 인터넷과 LTE 같은 모바일용 초고속 인터넷 서비스망이 갖춰지지 않은 상태에서 PDA는 가정용 컴퓨터의 보조 기구 역할을 하는 데 그칠 뿐이었다. 이런 환경에서 PDA를 메인 저장소로 갖고 다니는 사람은 없었다. 얼리 어댑터들이야 이것을 유용하게 사용할 수 있었다. 하지만 대중에게는 사치품 중 하나일 뿐이었다.

둘째, 콘텐츠가 부족했다. PDA를 사용하려는 사람들은 그 이용 가치를 높이기 위해 응용 소프트웨어, 음악, 동영상 재생 등의 기능을 원했다. 하지만 당시 기업들은 이에 소홀했다. 기계의 보급에만 열과 성을 다한 것이다. 결국 앱 시장도 충분치 못했고, 음악을 정상적 경로로 다운받는 것도 힘들었다.

마지막으로 PDA는 편의성이 좋지 않았다. 크기는 웬만한 무전기 저리 가라 할 정도로 컸고, 무게도 만만치 않았다. 정보 관리 측면에선 용이했지만 정보 입력에는 어려움이 있었다.

이런 이유들로 PDA는 실패했다. 하지만 그 기능과 역할은 아이폰의 등장과 더불어 화려하게 부활했다. 어떻게 그런 일이 가능했을까? 앞서 말한 PDA의 실패 원인을 거꾸로 돌아보면 그 답이 나온다. 아이폰이 출시될 무렵에는 모바일 정보통신망이 원활했고 콘텐츠도 풍부했다. 뿐만 아니라 사용자의 편의성을 고려한 면면들도 훌륭했다.

여기서 유념할 것은 아이폰이라는 제품 자체가 아니다. 현재의 스마트폰 시장에 큰 기반이 된 아이폰 열풍은 결국 PDA라는 제품이 있었기에 나올 수 있었다는 사실이다. 이 기반이 없었다면 애플은 아이폰을 만들어 낼 수 없었음이 분명하다.

그렇다면 PDA는 이전에 없었던 천지개벽의 새로운 발명일까? 물론 그렇지 않다. 여기에도 토대가 존재한다. 1990년대 중반에 유행했던 전자수첩을 기억하는 분들이 있을 것이다. 전자수첩은 자그마한 컴퓨터라고 볼 수 있었다. 그 전에는 가정용 컴퓨터가 있었고, 그 전에는 슈퍼컴퓨터, 그리고 이 컴퓨터들의 출발점은 계산기다. 계산기는 주판에 기원을 두고 있을 테니 결국 과거의 것들이 쌓여서 현재의 스마트폰이 탄생했다고 보아도 충분하다고 생각한다.

아이폰뿐만이 아니다. 에디슨의 발명품인 전구도 조지프 스완, 헨리 우드워드, 메튜 에반스, 라티머 등의 훌륭한 과학자들이 남긴 연구에서 발전한 것이다.

벨의 전화기도 기존의 발명들에 기초해서 만들어진 것이다. 볼 타전지를 발명한 이탈리아 사람이나 앙페르가 발견한 전기와 전자의 법칙, 독일의 옴이 발견한 전기 저항 원리 등이 모인 것이 전화기를 만들었다.

더 나아가자면 벨 이전인 1854년에 이미 전화기의 기본 아이디어를 생각해 낸 사람이 있었다. 프랑스의 보사르라는 사람이다. 그가 만든 기본 원리는 이렇다. 얇은 금속판을 전선에 이어서 한쪽에서 소리를 내면 금속판이 진동하고, 여기에 따라 전기 신호가 생긴다. 벨의 전화기와 같은 원리다. 이 생각은 1860년대에 라이스에 의해 현실화된다. 프랑크푸르트 물리학회에서 라이스가 직접 실험을 선보인 것이다. 텔레폰(telephone)이라는 단어는 이때 처음 나왔다고 한다.

한국발명기업총연합회 6대 회장을 역임한 원인호 발명가는 새로운 것을 찾아내는 방법으로 아래의 15가지를 제시한다.

덧붙인다(add)　종합한다(organize)　결합시킨다(combination)

쌓아올린다(pile up)　분리시킨다(divide)　떼어낸다(omit)

좁혀 들어간다(focus)　돌아본다(review)　위치를 바꾼다(slide)

교체한다(interchange)　넓힌다(expand)　다른 방법을 찾는다(detour)

뒤집는다(reverse)　논다(play)　근본으로 돌아간다(return)

이 방법들을 가만히 들여다보면 한 단어로 말할 수 있을 것 같다. '변주'다. 기존에 방식 또는 물체에 여러 종류의 변화를 접목시켜 새로움을 창출하는 것이다.

예를 하나 들어 보겠다. 맥주잔을 떠올려 보자. 식당에서 병맥주를 주문하면 흔히 나오는 가장 단순한 컵에서부터 시작하자. 입구부터 바닥까지 선이 똑 떨어진 원기둥 같은 컵 말이다. 여기에 위의 15가지 방법을 결합해 보자.

맥주잔에 손잡이를 붙이는 것은 덧붙이기다. 손잡이를 잡은 손의 열기가 맥주에 전달되지 않도록 이음새 중간에 재질을 넣는 것은 종합이다. 주변에 아이스팩을 두를 수도 있다. 맥주 같이 꾸준히 차가운 온도를 유지해야 맛있는 음료를 먹을 때 꽤 유용할 것이다. 이는 결합이다.

'이것과 저것을 합치면 어떻게 될까?' '여기서 이 기능을 살리고 저 기능을 없애면 어떻게 될까?' 생각해 보자. 항상 주변을 돌아보고 생각하고 고민해야 한다. 다각도로 고민하다 보면 분명 방법이 나올 것이다. 여기서 염두에 둘 것이 또 있다. 실제로 맥주잔을 대량으로 구매할 사람은 아마 이제 막 식당을 오픈하는 사장님들이 많을 것이다. 예를 들어 아이스팩을 두른 맥주잔을 시판했다고 할 때 그 단가는 분명 평범한 맥주잔보다 비쌀 것이다. 그런 부담을 극복해야겠다는 생각이 들 만큼 사장님들에게 아이스팩 맥주잔이 매력적일까? 혹은 비용 부담이 커서 결국 평범한 맥주잔을 더 선호하게 될까?

결국 중요한 것은 발명의 실현 가능성이다. 아이디어 자체는 훌륭하더라도 그것이 비용을 너무 많이 차지한다거나, 의외로 다른 불편을 초래한다면 쓸모 있는 아이디어가 되지 못한다.

대박을 향한 워밍업!
맥주잔은 보관이 어렵다는 단점이 있다. 선반에서 차지하는 면적이 넓은데 다른 컵들처럼 포갤 수가 없다. 그렇다면 디자인을 잘 해서 서로 쌓을 수 있게 만들면 어떨까?

간단한 발상이
창조의 시작

평범한 생활용품 하나에도 창조적 사고가 개입되면 의외의 결과가 나온다. 어린이가 문고리를 잡기 힘들어하는 모습을 보고 문 안에 어린이용 문을 설치한 사람도 있다. 탁구대가 갖고 싶었던 청년들은 문 안쪽을 탁구대로 만들었다. 문을 닫고 나서 탁구대를 펼치는 구조다.

면도를 하던 한 청년이 생각했다.

'손잡이는 쓸 만한데. 통째로 다 바꾸니까 돈이 너무 많이 들어. 칼날만 바꿀 수 있으면 좋겠어.'

이 간단한 발상은 세계적인 발명품을 만들었다. 바로 면도기 질레트다. 질레트사는 세계 면도기 시장에서 70퍼센트가 넘는 점

유율을 차지하고 있다. 뿐만 아니라. 주기적으로 칼날을 교체하다 보니 파상풍이나 면도독의 위험을 줄였다는 큰 공도 세웠다.

이렇듯 창조의 시작은 무척 간단한 아이디어로 충분하다. 이 아이디어를 어떻게 현실화할 것인가라는 문제에 부딪혔을 때 어려운 창조와 쉬운 창조가 구분될 수는 있다.

21세기 최고의 발명품 중 하나로 불리는 3D 프린터를 보자. 물체의 모양이 어떻든 실제 모습과 똑같이 복사해 내는 이 신기한 물건의 기초가 된 발상도 분명 간단한 아이디어였을 것이다. 어쩌면 SF영화를 보다가 생각났을 수도 있다. 막상 이를 개발하기 위해서는 캐드(CAD)와 컴퓨터 그래픽(CG)에 대한 이해가 필수다. 더 나아가 현대 금속 공학과 레이저 기술에 대한 응용도 필요할 것이다.

20세기 초 라이트 형제는 '인간이 하늘을 날 수 있도록 날개를 만들어 보자.'는 꿈을 꿨다. 그리고 여기에 걸맞게 아이디어를 내고 실행하고, 실패하고, 발전시켜서 마침내 성공했다. 베르누이의 원리 같은 공기역학에 대한 이해 없이는 비행기를 만들 수 없다. 어쩌면 레오나르도 다빈치의 날개를 열심히 연구했을지도 모른다.

위의 두 사례는 아이디어의 출발은 간단했지만 실행하고 성공하는 과정이 험난했다는 공통점이 있다. 그러나 자신의 삶에서 대박을 만들어 내고픈 분들이 새겨들어야 할 이 이야기의 핵심은 창조의 시작은 간단한 발상에서 시작됐다는 것이다.

한 발 더 나아가 보자. 나도 아직 개념이 불확실해서 머릿속에서 상상력을 한껏 발휘하는 주제가 있다. 그렇다고 허무맹랑한 것도 아니다. 분명히 앞으로 등장할 것이기 때문이다. 바로 새로운 에너지의 원천에 대한 고민이다. 과거에 쓸모없는 검은 액체라고 괄시받았던 석유가 급부상했던 역사처럼, 지금 우리에게 하찮게 느껴진 무엇인가가 미래의 인류에게 힘을 줄 것이라고 생각한다. 폐기물을 에너지로 쓸 수 있기를 바라는 마음으로 각처에서 치열하게 연구 중인 것으로 알고 있다. 나 역시 건설폐기물과 관련하여 이 쓰임에 대해 고민하는 중이다.

사실, 이렇게 인류의 미래에 지대한 영향을 끼칠 영역은 아주 전문적인 지식을 통해서만 구현할 수 있다. 우리 같은 일반인들에게는 접근조차 어려운 일이다. 그러니 이런 거대한 프로젝트는 대기업이나 국책 연구소 같은 곳에서 맡아야 한다. 고급 인력이라 불리는 지식, 기술을 꾸준히 관리하면서 연구에 힘을 보태려면 막대한 자본이 필요하기 때문이다. 그리고 아마 지금쯤 어디선가에서 불철주야 연구하는 분들이 있을 것이라고 짐작한다. 그들이라면 어렵다고 해서 포기하지는 않을 것이다.

고차원적인 기술을 일반인들이 단시간에 갖추기는 힘들다. 그러니 너무 거창한 꿈을 꾸기보다는 나와 가장 가까운 곳, 간단한 물건에서부터 창조적 사고를 시작해야 한다.

머그컵을 한 번 들여다보라. 연필꽂이도 한 번 들여다보라. 서류 뭉치를 묶는 집게까지도. 그동안 쉽게 지나친 그 안에 당신만의 대박이 있을 것이다.

그리고 이 고민하는 과정에서 가장 중요한 것은 '대박'을 만들기 위한 억지 창조를 지양하는 마음이다. 기본이 갖춰지지도 않았는데 단박에 영화를 누리려는 욕심은 당분간 잠재워 두자. 지금 당장 아주 가까이에 있는 것과 독자 여러분의 재미, 호기심 등을 건드릴 대상을 찾는 것이 더 중요하다.

대박을 향한 워밍업!
지금 당장 하고 싶은 것을 생각해 보자. 여러분이 집에서 하고 싶은 놀이는 무엇인가? 실내에서 할 수 있는 즐겁고 간단한 활동과 창조를 연관지어 생각해 보자.

프레지어 렌즈 이야기

디지털 카메라가 보급화되는 것에서 더 나아가, 일반인들도 준전문가급 카메라를 흔히 사용하는 나라가 바로 한국이다. 한때 외국 유수의 기업들이 디지털 카메라를 개발하는 과정에서 한국의 일반 소비자들에게 제품 테스트를 맡길 정도로 우리나라 사람들의 안목과 취향은 까다롭다. 게다가 호기심이 많아 그만큼 한 가지 제품에도 여러 아이디어를 제공한다. 그래서 생활가전을 가장 효율성 높게 사용하는 민족으로 손꼽히지 않을까 생각해 본다.

그러니 카메라에 얽힌 이야기를 하나 해 보겠다. 렌즈 얘기다. 이 이야기의 주인공은 짐 프레지어라는 사람이다. 그는 호주 사람으로 원래 야생동물을 촬영하는 감독이었다고 한다. 호주와 세계 곳곳의 오지를 돌아다니며 동물들을 촬영하던 프레지어는 '어떻게 해야 동물들을 더 잘 촬영할 수 있을까?'를 항상 고민했다. 기존 장비들은 모두 영화 촬영용 장비라서 현장에서 촬영할 때 만족스러운 결과물을 얻기 어려웠기 때문이다.

그러던 어느 날, 그는 카메라 렌즈를 망가뜨리고 말았다. 그래서 생전 처음으로 카메라 렌즈를 분해해서 구조를 살펴보는 기회를 갖게 됐다. 평소에는 너무 비싸서 분해할 엄두가 안 났을 테다. 분해를 통해 렌즈의 구조와 원리에 대해 알게 된 프레지어는 호주로 돌아와 온갖 종류의 렌즈를 조합해 자신이 원하는 장비를 직접 만들어 쓰게 됐다.

그러다가 결국 촬영 기법에 혁명을 가져다 줄 발명을 하나 하기에 이른다. 렌즈의 초점과 관련한 것이었다. 영화의 어떤 장면에서는 앞사람이 선명하고 뒷사람이 뿌옇게 보이는 경우가 있다. 초점이 앞사람에게 맞춰졌기 때문이다. 그러다가 뒷사람이 말을 시작하면 뒷사람이 선명해지면서 자연스럽게 앞사람에게 초점이 엇나가 상이 뿌옇게 변한다.

그런데 프레지어가 개발한 새 렌즈는 이런 문제가 없었다. 심도라고 하는 초점 범위가 상당히 넓어서 꽤 멀리 떨어진 물체들을 동시에 뚜렷하게 찍을 수 있었기 때문이다. 이는 지금까지의 광학 기술을 뛰어넘는 것이었다. 프레지어는 바로 특허를 내고 렌즈를 세상에 선보였다. 초창기 프레지어 렌즈에 감탄했던 사람들은 이렇게 말했다.

"이건 기존의 물리학으로 설명할 수 없어!"

과연 그럴까? 사실은 그렇지 않다. 프레지어 렌즈의 원리는 광학 전문가인 쥘이라는 과학자가 밝혀냈다고 한다. 근본적으로 잠망경과 비슷한 원리라고 한다. 하지만 그의 우연한 기회와 개선하고픈 문제점을 늘 염두에 두고 있던 마음, 그리고 실행력과 여러 가지 노력들이 어우러져 인류 문명에 새로운 변화를 가져왔다. 그의 렌즈가 역사에 이름을 남길 정도로 대단히 중요한 이유는, 초점이 계속 번갈아 움직여야 하던 촬영 기법을 완전히 벗어났기 때문이다. 이를 통해 영화 산업 자체에도 큰 혁신을 가져오지 않았을까 하고 조심스레 짐작해 본다.

이런 대단한 발명품에도 늘 기원이 있다는 사실에서 여러분이 용기를 얻고 새로운 시도를 시작해 보기를 바란다.

대박을 향한 워밍업!

프레지어는 촬영 감독이다. 결국 그가 종사하던 분야에서 신기술을 찾아냈다. 독자 여러분도 너무 먼 곳을 바라보지는 말자. 당장 자신이 종사하는 분야와 업무에서 새로운 혁신과 창조를 추구하는 것이 올바른 자세이다.

문명은
영원히 발전한다

하늘 아래 새로운 것이 없다는 말을 오해하는 사람도 있다. 20세기 초반 미국특허국장은 이렇게 말했다.

"이제 세상에 새로운 발명품은 나올 수 없다. 더 이상 발명할 수 있는 게 없다."

그는 이렇게 중얼거리며 사임서를 냈다고 한다. 나는 이 이야기를 접하고는 얼마나 깜짝 놀랐는지 모른다. 우리는 모르는 그 당시의 상황이 있다고 가정하더라도, 그가 놓친 것이 하나 있다. 바로 인간의 무한한 창조성이다. 하늘 아래 새로운 것이 없다고 해서 인간 문명의 발전에 한계가 있다는 뜻은 아니다. 옛것들이 끝없이 얽히고설켜서 꾸준히 성장해 나아가는 것, 이것이 인류 문명이 진화하는 구조이자 흐름이기 때문이다.

얼핏 생각해 봐도 원자폭탄, 태양열발전, 인공위성, 달 착륙, 휴대전화, 개인용 컴퓨터 등 얼마나 많은 문명이 20세기에 일어났는가. 창조는 과거의 영광을 딛고 나오는 것이다. 아들이 아버지의 그늘에서 잘 자라다가 더 큰 어른이 되어 사회를 이끌어 가는 것처럼 말이다. 22세기에도, 3000년대에도 인류의 발명과 창조는 계속될 것이라고 확신한다. 뿐만 아니라 그 범위는 더욱 넓어질 것이다. 인간이 지식을 쌓고 융합하고 새로운 것을 터트려 문명을 개척해 나가는 습성을 가진 이상 창조는 끊임없이 일어날 것이라고 믿는다.

인간의 문명에서 더 발전할 것이 없다고 손꼽히는 분야에는 철학도 있다. '철학은 니체에서 끝났다.'는 말을 듣고 크게 놀란 적이 있다. 이제 현대 서양철학은 고대 그리스 철학자들을 지나 니체에 이르러 그들이 벌려 놓은 논쟁들을 해설하는 수준에 그쳤다는 뜻으로 한 말인 것 같다.

하지만 정말 그럴까? 문명이 변하고 사람들의 생활이 변하고, 생활을 만들어 나가는 갖가지의 창조물들이 새로 태어나면 인간의 사유도 자연스레 변할 것이라고 생각한다. 다만 20세기에 너무나 큰 변화가 있었기에 21세기에 두각을 드러내는 것이 없는 것뿐이라고 믿고 싶다.

철학이라는 것이, 철학자라고 이름 붙여진 사람들만 하는 것은 아니지 않은가. 사람에 대해 고민하고 자신의 창조물을 만드는 모든 사람들이 하는 활동에 철학의 갈래가 있다고 생각한다.

그렇기에 과학도 철학도 함께 발전하기를 희망한다. 독자 여러분 중에도 나와 뜻이 같은 분들이 있다면 삶의 대박을 꿈꾸면서 동시에 인간에 대해, 지금 머릿속으로 상상하는 그 창조물에 대해 함께 버무려서 생각해 보면 더 좋은 결과물이 나올 것이다.

인간의 창조력은 끝이 없다. 그러니 하나의 발명이 이뤄졌다고 해서 끝난 게 아니다. 아마도 파생하는 또 다른 발명들이 계속 튀어나올 것이다. 이 앞으로의 발명들에 독자 여러분의 창조물과 대박 같은 삶이 있기를 바란다.

이 책 초반부에 언급했던 통조림에 대한 얘기를 좀 더 해 보자. 애초에 통조림의 기원은 병조림이었다. 알려진 바에 의하면 병조림은 나폴레옹전쟁 시대에 만들어진 것이다. 이 시대에는 군인들에게 식량을 보급하는 방법이 사회적으로 가장 큰 문제였다. 식량은 너무 무거웠고, 이동하는 군인들에게는 짐과 같았다. 상하기도 쉬워 전투에 애로사항이 이만 저만이 아니었다.

그러던 중 니콜라 아페르라는 발명가가 병에 식품을 담고 코르크 마개로 밀봉하는 아이디어를 나폴레옹에게 제출했다. 나폴레옹은 즉시 아페르에게 1만 2,000프랑을 수여했다고 한다. 일종의 특허 사용료다. 그의 아이디어 덕분에 프랑스군의 군사력은 크게 증강됐다고 한다.

영국도 병조림에 관심을 갖고 있던 차였는데 듀란드가 깡통 통조림을 특허로 냈다. 병조림은 순식간에 통조림에 밀려나 버렸다. 처음에는 캔을 주석으로 만들었고 조금 뒤에 재료를 강철로 바꾸었다. 주석의 양이 부족했기 때문이라고 한다.

통조림의 발명은 곧 다른 발명들을 낳았다. 1858년 미국의 에즈라 워너는 획기적인 깡통 따개를 만들었다. 그 전까지는 통조림을 따기 위해 송곳질을 여러 차례 해야 했다. 심지어 성질 급한 사람들은 총질을 해댈 만큼 통조림은 따기가 너무 어려웠다. 이런 사람들에게 깡통 따개는 희소식이었다. 그 뒤 1959년에 미국에서 에르멀 클레온 프레이즈라는 발명가가 뚜껑에 고리를 부착한 통조림통을 개발했다. 지금 우리가 사용하는 수많은 통조림 중 참치 통조림을 떠올려 보면 금방 이해가 될 것이다. '어떻게 보관하지?'라는 문제를 해결한 발명품이 나온 뒤에 '어떻게 좀 더 쉽게 사용하지?'라는 발명품이 나왔고, 기술의 발전은 여기서 그치지 않았다.

1990년대까지 음료수 캔처럼 뚜껑에 고리가 붙어 있는 통조림은 한 번 개봉하면 개봉이 된 면적만큼 구멍이 생겨서 안의 내용물을 쉽게 섭취할 수 있도록 개선됐다. 그리고 얼마 뒤 여기서 더 나아간 제품이 탄생했다. 음료수 캔에 붙어 있는 고리가 길에 버려지면 환경에 악영향을 준다는 지적이 일었기 때문이다. 이를 해결하기 위해 고리를 떼어 내는 것이 아니라 캔에 완전히 붙어 있도록 만든 사람이 등장했다. 이것을 발명한 사람은 특허권료로 인생에 대박을 맞고 부자가 됐다는 뉴스를 봤다.

너무 일상적이라서 별다를 것도 없다고 느꼈던 것들 하나하나에 기발한 변형과 응용이 있었다. 그러니 하늘 아래 새로운 것이 없다는 말에 기 죽어서 시작도 하기 전에 포기하지 말고, 뭐든지 해 보길 바란다. 당신의 능력은 당신이 상상하는 것 이상으로 놀라울 것이며, 시간과 정성을 들인 노력은 절대로 당신을 배신하지 않는다.

대박을 향한 워밍업!
통조림의 발전은 여기서 그치지 않을 것이다. 개인적으로 한 번 캔을 따더라도 다시 쉽게 밀봉할 수 있는 아이디어를 고민한 적이 있다. 독자 여러분 중 한 명이 이 문제를 해결해 보는 것도 좋을 것 같다.

미래의
기술들

이쯤에서 우리 미래에 어떤 기술들이 등장할지 잠시 유추해 보는 것도 좋겠다. 미래의 신기술 중 손꼽히는 것은 총 10개에 달한다. 이 자료는 LISTVERSE.COM이라는 사이트에서 언급된 것이다. 그 출처가 한 곳 뿐이라 객관성을 의심하는 분들도 계실 줄 안다. 하지만 언론사나 조사기관 등의 다른 여러 자료에서 언급되는 신기술들을 보아도 대략 위 사이트와 내용이 대동소이하다. 따라서 이 내용을 여러분과 공유해도 객관성 측면에 큰 문제는 없을 것으로 생각한다. 이 사이트에서 신기술로 손꼽힌 것들은 주로 의료 기술이었다. 객관성이 있기에 여러분과 이 내용을 공유하고자 한다.

10위는 두뇌와 컴퓨터를 연결하는 기술이다. 2013년 초에 손과 발이 없는 환자의 눈 움직임을 읽어서 컴퓨터를 이용할 수 있도록 한 기술이 미디어를 통해 대중에게 선보인 적이 있다. 이와 관련된 기술이 꾸준히 발전하면 결국 두뇌와 컴퓨터가 연결된 문명이 생활에 녹아들 것이다.

9위는 동력형 외골격이다. 영화 「아이언맨」에 나오는 파워 슈트 같은 것이라고 보면 된다. 주로 군사 용도로 개발되고 있지만 의료용으로도 활용이 가능하다고 한다.

8위는 두뇌에 칩을 이식하는 기술이다. 뇌가 손상됐을 경우 여기에 보조 칩을 심어서 뇌 활동을 정상 수준으로 끌어올리는 기술이라고 보면 된다.

7위는 사이버 웨어다. 단어가 조금 생소한데, 영화 「6백만 불의 사나이」를 생각하면 이해에 도움이 될 것 같다. 이 기술은 팔다리가 불편한 장애인들에게 큰 힘이 될 것으로 보인다. 심지어 척수를 다친 사람도 활동할 수 있게 기술이 개발되고 있다고 하니, 많은 사람들에게 희망이 되는 기술이 되기를 바란다.

6위는 엑소코텍스라는 것이다. 두뇌를 컴퓨터와 연결시켜 두뇌의 가용성을 늘린다는 개념이다. 정보를 찾고 싶을 때 컴퓨터를 들여다보는 게 아니라, 백과사전을 바로 뇌가 인식하는 정도라고 할 수 있다. 이 기술이 현실화된다면 인류 전체가 고차원적 사고를 하게 될 것 같다. 진정으로 지식보다는 삶을 통해 터득한 지혜가 더 소중해질 테고 말이다.

5위는 인간 유전 공학이다. 영화 「가타카」처럼 태아 상태에서 유전병과 장애 등에 관련된 위험도를 미리 낮추거나 치료한다.

4위는 나노 의학이다. 오늘날의 의학은 약물이나 기계가 직접 신체에 침투해 병의 원인을 제거한다. 그런데 이 기술은 나노 입자를 인체에 주입시키고, 외부에서 어떤 신호를 주어서 모든 병의 원인을 없애는 것이라고 한다. 이 기술이 보급화된다면 병의 원인이나 인체 내부의 손상을 치료하는 것뿐 아니라 생명 연장에도 기여하게 되지 않을까 상상해 본다.

3위와 2위는 조금 비슷한 맥락을 갖고 있다. 3위는 두뇌를 보존하는 기술이고, 2위는 신체를 합성하거나 보존하는 기술이다.

1위는 마음을 컴퓨터에 업로드하는 것이다. 지식이 디지털화된 것에서 더 나아가 인간의 존재 자체가 디지털화되어 영원히 살수 있다는 측면을 가지고 있다. 영생을 누리고 싶은 사람들에게는 희망과 같은 기술일지도 모르지만, 육체를 버리고 영원히 존재하는 것이 아날로그 감성을 짙게 가진 나에게는 그리 반가운 소식만은 아니다.

이 외에도 신기한 기술들이 많다. 창작자들의 상상력에 찬사를, 그들의 상상을 현실화해 낸 과학자들에게도!

대박을 향한 워밍업!
여러분의 어렸을 적 상상력을 동원해 보자. 우주, 심해 같은 멀고 깊은 곳에서 영감을 얻길 바란다.

코끼리에게서
브랜드를 창조하다

지금부터 할 이야기는 지혜가 돋보이는 창조에 관한 것이다. 주인공은 코끼리다. 현재 이 동물은 멸종 위기에 처해 세계적으로 보호받고 있다.

그런데 남아프리카에 가면 사정이 조금 다르다. 농장에 침입해서 한 해 농사를 망쳐대는 주범 중 하나가 코끼리라고 하니 말이다. 그래서 그곳 농부들이 코끼리를 사살하는 일이 종종 발생한다고 한다. 당장의 생계를 지키고 유지해야 하는 사람의 처지를 생각해 보면 무작정 그 사살을 비난할 수도 없는 노릇이다.

얼마 전, 여기에 착안해 새로운 사업 아이템을 생각한 사람의 얘기를 들었다. 코끼리들이 제일 싫어하는 나무가 바로 칠리 나무라고 한다. 칠리의 매운 맛이 그들에게는 견딜 수 없이 싫어서 그런가 보다. 그래서 칠리 나무만 보면 발길을 돌리는 게 코끼리의 습성 중 하나라고 한다.

그래서 그 사람은 농장 주변에 무료로 묘목을 제공해 칠리 나무를 심는 캠페인을 시작했다. 농부들이야 대환영이다. 굳이 코끼리를 죽이지 않고도 농작물을 지킬 수 있게 됐으니까 말이다. 농부들은 자진해서 칠리 나무를 정성껏 키웠다. 그렇게 서서히 칠리 나무 방어벽이 만들어졌다.

시간이 지나 열매가 생겼고, 모두가 함께 수거해서 칠리 소스로 만들었다. 제품 이름을 '코끼리 칠리 소스' 정도로 짓고 판촉에 나섰다. 판매가 목적이니 맛으로 소비자의 마음을 사로잡아야 했다. 그리고 이런 문구를 덧붙였다.

"이 소스는 코끼리를 보호하기 위해 키운 칠리 나무에서 탄생했습니다."

이 문구를 보고 소비자들은 어떻게 반응했을까? 나는 무릎을 쳤다. 전혀 상관없어 보이는 두 가지가 밀접한 연관을 지었을 때, 그리고 이것을 사업화함과 동시에 공공의 가치를 제대로 구현하는 훌륭함까지 갖췄을 때 브랜드와 제품에 대한 긍정적 이미지는 상상할 수 없을 정도로 상승한다. 이 이야기는 실제로 지금 이 순간에도 판매되고 있는 제품의 사례다. 수익금의 일부를 아프리카 멸종 위기 동물 보호를 위한 기금에 기부하고 있다고 한다.

환경부에서는 멸종 위기에 처했거나 가까운 장래에 멸종 위기에 처할 우려가 있는 야생 동·식물을 지정해 보호하고 있다. 이 동·식물들에 대해서 연구해 보면 사회에 기여하면서도 꽤 큰 부가가치를 안겨줄 수 있는 좋은 사업 아이템이 나올 것이라고 생각한다.

우리나라에는 도심에 멧돼지가 출몰하는 사고가 자주 발생한다. 그리고 멧돼지가 농가의 1년 농사를 망쳤다는 뉴스도 종종 보도된다. 그래서 멧돼지를 일부러 사살하는 농민들이 꽤 있다. 아프리카 코끼리의 사례와 똑같은 경우다. 그때그때의 대처 방법으로 사살을 하는 것은 장기적으로 대안이 될 수 없다. 이런 식으로 가다가는 멧돼지만 멸종 위기에 처할 것이다. 여러분의 지혜가 필요한 순간이다.

대박을 향한 워밍업!

멧돼지의 습성을 잘 연구해서 도심과 농가에 오지 못하게 만드는 아이디어를 만들어 보자. 멧돼지가 무엇을 극도로 싫어하는지 찾아보자.

3장
관심의 폭을 넓히자

사회가 통섭형 인재를 원한다는 사실은
다양한 분야를 잘 알면서도 한 가지 주제에 맞게
접목시킬 줄 아는 소양을 갖춘 사람이 필요하다는 뜻이다.

통섭적
사고

이제 여러 곳으로 공부의 나래를 펼쳐야 할 때다. 두루 아는 것이 많아야 더 다양한 방면으로 상상이 뻗어 나갈 수 있다. 잡학에 능하려면 그만큼 많은 독서와 공부를 해야 한다. 이게 사실 말처럼 만만한 것은 아니다. 하지만 역사를 돌이켜 보면 잡학에 능했던 사람이 후세에 남기는 것도 많다.

아리스토텔레스는 당대의 철학자이자 과학자였다. 그가 평생 저술한 책들은 성경과 더불어 중세 사회 전체를 지배하던 지식 그 자체였다. 갈릴레오가 지동성을 주장했다가 아리스토텔레스의 주장에 어긋난다고 해서 종교 재판에 회부된 일화는 유명하다. 이조차 날조된 얘기라는 말도 있지만 일단은 말이다. 다양한 분야에서 깊이 있게 저술을 했던 아리스토텔레스였기에 후대에 이런 영향력을 가질 수 있었을 것이다.

레오나르도 다빈치도 아리스토텔레스 못지않은 천재였다. 그의 그림들은 서양미술사에서 빠짐없이 소개되고 있지만, 그의 직업은 화가, 건축가, 조각가 등 다양했다. 인체 해부도나 비행기 설계도 등 과학에도 많은 업적을 남겼을 만큼.

현대에 이르러선 이런 천재의 등장이 드물다. 어쩌면 과거처럼 천재라고 불리는 인물이 등장하는 게 이제는 불가능에 가깝다. 모든 분야가 너무나 전문화됐고 깊이가 생겼기 때문이다. 수학이든 과학이든 한 분야에만 평생을 바쳐야 겨우 그 분야에 뭔가 업적을 남길 수 있는 시대가 됐다. 그만큼 '지식의 누적'이 잘 됐다는 뜻이기도 하다. 그래서 이제는 모든 것을 깊고 넓게 알기는 힘들다.

하지만 적어도 웬만한 분야에 기본적인 지식은 갖고 있는 것이 좋다. 그래야 상상력의 폭이 넓어지기 때문이다. 잡학에 능하다는 것은 학문과 학문, 지식과 지식 사이의 교류가 가능하다는 뜻이다. 머릿속에 존재하는 수많은 분야 사이를 연결하는 다리 하나를 설치한다는 말이다.

2011년부터 본격적으로 '통섭'이란 말이 유행했다. 이 단어는 '이치 또는 섭리를 통합한다.'는 뜻을 가졌다. 학문의 경계에 얽매이지 않고 자유로운 사고를 통해 새로운 기반을 창조하는 것. 이것이 바로 현대를 살아가면서 필요한 지혜다.

삼성전자가 2013년 12월 5일에 발표한 정기 임원 인사를 보면 유독 돋보이는 한 사람이 있다. 남들보다 무려 3년이나 일찍 고위직에 오른 박현호 전무다. 그가 주목받는 이유는 이렇다. 대학에서 영문학을 전공했는데도 공대생 출신들이 주로 포진한 그룹에서 승승장구하고 있기 때문. 특히 그에 대한 주변의 평가를 눈여겨볼 만하다. 바로 그가 통섭형 인재의 모습을 갖춘 전형적인 사례라는 것이다.

그는 어렸을 적부터 컴퓨터에 관심이 많아 부전공으로 컴퓨터 공학을 배웠고 소프트웨어 개발도 독학했다고 한다. 인문학과 공학 두 분야에 두루 소양을 갖췄다는 점이 그의 장점이다. 이런 장점이 그만의 경쟁력이 됐던 것이다.

최근의 자동차 광고를 보면 과거처럼 출력과 연비, 디자인과 같은 직접적인 요소들 보다는 안락함이나 편의성 등의 라이프 스타일을 더 강조하는 것을 볼 수 있다. 이 역시 통섭의 산물이다. 미래형 자동차는 차량과 사회 인프라, 차량과 차량, 차량과 인간이 상호 보완할 수 있는 제품이 될 것임을 짐작할 수 있다. 인간과 함께 진화하는 동반자로서의 자동차. 이런 개념의 바탕에는 인간에 대한 이해, 인문학이 자리를 잡고 있다.

많은 대기업에서 통섭형 인재를 선호한다는 사실은 그만큼 사회가 발전할수록 다양한 분야에서 통찰력을 갖고 접목시킬 줄 아는 소양을 갖춘 사람이 필요하다는 뜻이다. 하지만 그렇다고 해서 전체를 얕게 알아서는 안 된다. 자기만의 전문성이 필수다. 이것을 토대로 전체를 아우르는 능력이 없다면 사회가 바라는 인재가 될 수 없다.

통섭이라는 것은 자기가 정해 놓은 분야에는 최선을 다하면서도 여기에서 뻗어 나갈 수 있는 다른 방면으로의 지식도 갖추려는 마음의 자세다. 그럼 이쯤에서 자신을 들여다보자. 나에게는 과연 어떤 전문성이 있는지, 어떤 것을 전문화할 것인지 스스로를 잘 살피고 결정해야 한다.

예를 들면 이렇다. 한 청년이 영화에 푹 빠져 살다가 어느 날 자신의 인생 목표를 감독으로 설정했다고 하자. 그렇다고 할 때 그가 배워야 할 것들로 무엇이 있을까? 우선 영화의 역사, 촬영 기법, 편집 기술 등을 익혀야 할 것이다. 드라마의 구조를 세우고, 캐릭터의 특성을 만들고, 배우와 어떻게 소통하는지 등에 관한 안목도 익혀야 한다. 이런 것들이 바로 자기 분야에서 전문성을 갖는다는 의미다.

하지만 여기서 끝나면 안 된다. 영화계에서 최고가 되기 위해서 철학, 역사, 과학 등에도 관심을 가져야 한다. 사람의 모습을 이지 않고 자유로운 사고를 통해 새로운 기반을 창조하는 것. 이 것이 바로 현대를 살아가면서 필요한 지혜다.

삼성전자가 2013년 12월 5일에 발표한 정기 임원 인사를 보면 유독 돋보이는 한 사람이 있다. 남들보다 무려 3년이나 일찍 고위직에 오른 박현호 전무다. 그가 주목받는 이유는 이렇다. 대학에서 영문학을 전공했는데도 공대생 출신들이 주로 포진한 그룹에서 승승장구하고 있기 때문. 특히 그에 대한 주변의 평가를 눈여겨볼 만하다. 바로 그가 통섭형 인재의 모습을 갖춘 전형적인 사례라는 것이다.

그는 어렸을 적부터 컴퓨터에 관심이 많아 부전공으로 컴퓨터 공학을 배웠고 소프트웨어 개발도 독학했다고 한다. 인문학과 공학 두 분야에 두루 소양을 갖췄다는 점이 그의 장점이다. 이런 장점이 그만의 경쟁력이 됐던 것이다.

최근의 자동차 광고를 보면 과거처럼 출력과 연비, 디자인과 같은 직접적인 요소들 보다는 안락함이나 편의성 등의 라이프 스타일을 더 강조하는 것을 볼 수 있다. 이 역시 통섭의 산물이다. 미래형 자동차는 차량과 사회 인프라, 차량과 차량, 차량과 인간이 상호 보완할 수 있는 제품이 될 것임을 짐작할 수 있다. 인간과 함께 진화하는 동반자로서의 자동차. 이런 개념의 바탕에는 인간에 대한 이해, 인문학이 자리를 잡고 있다.

많은 대기업에서 통섭형 인재를 선호한다는 사실은 그만큼 사회가 발전할수록 다양한 분야에서 통찰력을 갖고 접목시킬 줄 아는 소양을 갖춘 사람이 필요하다는 뜻이다. 하지만 그렇다고 해서 전체를 얕게 알아서는 안 된다. 자기만의 전문성이 필수다. 이것을 토대로 전체를 아우르는 능력이 없다면 사회가 바라는 인재가 될 수 없다.

통섭이라는 것은 자기가 정해 놓은 분야에는 최선을 다하면서도 여기에서 뻗어 나갈 수 있는 다른 방면으로의 지식도 갖추려는 마음의 자세다. 그럼 이쯤에서 자신을 들여다보자. 나에게는 과연 어떤 전문성이 있는지, 어떤 것을 전문화할 것인지 스스로를 잘 살피고 결정해야 한다.

예를 들면 이렇다. 한 청년이 영화에 푹 빠져 살다가 어느 날 자신의 인생 목표를 감독으로 설정했다고 하자. 그렇다고 할 때 그가 배워야 할 것들로 무엇이 있을까? 우선 영화의 역사, 촬영 기법, 편집 기술 등을 익혀야 할 것이다. 드라마의 구조를 세우고, 캐릭터의 특성을 만들고, 배우와 어떻게 소통하는지 등에 관한 안목도 익혀야 한다. 이런 것들이 바로 자기 분야에서 전문성을 갖는다는 의미다.

하지만 여기서 끝나면 안 된다. 영화계에서 최고가 되기 위해서 철학, 역사, 과학 등에도 관심을 가져야 한다. 사람의 모습을 다루는 세상의 모든 직업은 사람 자체에 대해 고민해야 한다. 만약 다양한 분야에서 지식을 쌓지 못한다면 어떤 영화를 만들든 진지한 고민과 성찰이 없이 필름만 잡아먹는 화면들의 나열이 될 뿐이다.

대박을 향한 워밍업!

역사, 철학, 과학, 수학 같은 단어는 듣기만 해도 막막할 것이다. 하지만 인류 문화 안에서 삶의 대박을 만들어 내겠다고 다짐한 이상, 독자 여러분만의 전문 분야를 파다 보면 자연스레 익혀질 것이니 시작하기도 전에 걱정하지는 말자. 막막한 것들은 쉽게 해결되지 않는다. 이럴 때 중요한 것은 근성이다. 절대로 포기하지 말라. 나만의 대박을 만들기 위한 밑거름이라고 생각하고 꼭 한 계단씩 올라서길 바란다.

진정한
통섭이란

통섭에 대해 조금 더 깊이 얘기해 보자. 이번에는 엔지니어에 대한 얘기이다. 엔지니어는 상부의 명령대로 프로그램을 짜는 직업이라고 생각할 수 있다.

하지만 이 정도는 코디네이터에 불과하다. 직접 일을 기획할 수 있는 엔지니어가 되기 위해서는 인문학적 소양이 필요하다. 즉, 엔지니어가 짜고 있을 어떤 프로그램은 인류에게 도움이 되는 것이어야 한다.

인간이라는 존재에 대해 고민한 적이 없는 엔지니어가 사람들이 원하는 프로그램을 짤 수는 없다. 인간에 대한 이해 없이 자기만족에 그치는 프로그램을 만들면 '대박'과는 멀어질 뿐이다. 경험에 미루어 이야기하건대, 그런 마음으로 만들어진 창조물은 시장에서 결국 외면받고 만다.

하지만 인문학을 공부했다고 해서 무조건 통섭형 인재가 되는 것은 아니다. 인문학이라는 하나의 틀에 사람들을 끼워 맞추면 그것도 결국 스스로 변화의 가능성을 부정하는 것이다. 인문학을 배웠다고 해서 사람을 전부 이해할 수 있다고 믿는다면 이는 오만이다.

사회는 굳어버린 화석이 아니라 살아 있는 유기체다. 그리고 시장에는 다양한 사람들이 존재한다. 민주주의가 위대하다고 여기는 사람들이 많은 이유는 그 제도를 통해 시대 환경과 사람들의 욕구를 빠르게 잡아낼 수 있기 때문이다. 그리고 이를 통해 사회 제도를 언제든지 더 바람직하게 수정할 수 있기 때문이다. 마찬가지다. 아무리 선진화된 기술을 개발해도 사회에 맞게 수정할 수 없는 기술이라면 의미가 생길 수 없다.

인간과 관계된 모든 것이 시대의 환경과 사람들의 선호에 따라 바뀐다. 순수한 연구만 수십 년 한다고 창조와 대박이 곧장 연결되지 않는다는 뜻이다.

뿐만아니라 기존의 연구와 기존의 기술들을 시대상에 맞게 조합하고 응용하는 능력을 가진 사람, 이것이 바로 현대가 바라는 인재상일 것이다.

대박을 향한 워밍업!

그렇다면 인간을 이해할 수 있는 가장 좋은 방법은 무엇일까? 답은 결국 직접 겪는 것이다. 책에 답이 있다고 흔히들 이야기하지만 사실 직접 겪는 것보다 더 큰 공부는 없다. 현장에서 사람들과 함께 부딪히며 함께 고생하라. 항상 '왜 저 사람은 그렇게 생각하고 있을까?'를 고민하라. 그래야 인간을 이해할 수 있다.

수학능력시험이
시작된 이유

　여러 가지 요소를 융합하다 보면 새로운 것이 나올 수도 있다는 생각이 통섭의 기초다. 이 말은 다양한 관점에서 문제를 바라보는 시각을 갖자는 정도로 이해하는 것이 좋을 것이다.
　어떤 문제를 해결하기 위해 한 가지 관점에서만 바라보는 것은 답답한 일이다. 과학의 영역에서만 해결 가능할 것으로 보였던 문제가 뜬금없이 심리학의 수준에서 해결되는 경우도 있고, 그 반대의 경우도 얼마든지 생길 수 있다.
　심지어 수학이라는 한 분야에서도 해법이 다양하게 존재한다. 이를테면 어려운 문제일수록 해법의 수가 많아지는 경향이 크다. 기하학 문제가 하나 있다고 하자. 많은 경우 이를 해석 기하나 순

수 기하로만 접근하는데 실상은 벡터, 위상, 비둘기집의 원리 등으로 문제를 해결할 수도 있다.

'통섭'이라는 단어가 요즘은 유행이 된 것처럼 느껴지지만, 사실은 꽤 오래 전부터 우리와 가까이 있었다. 생활에서 예를 찾자면 수학능력시험도 그 갈래의 파생물이다. 그래서 우리나라 교육 제도도 점점 다양한 시각을 강조하는 방향으로 나아가는 것이다. 1990년대 초반까지만 해도 대학 입시 제도는 학력고사 위주였다. 학력고사는 과목에 얼마나 충실했는가를 확인하는 시험 형식을 띠고 있다. 그 출제 경향이 학교 내신 문제와 별반 다르지 않아서 암기를 잘하는 학생들이 시험에 유리했다. 덕분에 폐해도 더러 있었다. 연상하여 유추하기보다는 오로지 암기에만 열중하는 학생들이 늘어나 막상 대학생이 되었을 때 혼선이 생겼던 것이다. 그래서 대학들은 본고사라는 제도로 학생들의 문제 해결력을 확인했다.

그러다가 몇 년 후인 1990년대 중반에 드디어 수학능력시험이라는 제도가 생겼다. 다양한 관점에서 문제를 바라보는 능력을 키우자는, 교육의 시대적 사명을 반영한 이 수능이라는 시험 형식이 처음 나왔을 때 학생들은 무척 혼란스러워했다. 하지만 이내 수긍했다. '합리적으로 문제를 풀어가는 능력'에 주목하는 것이 교육의 진정한 목표에 더 부합하는 것이라고, 모두가 수긍했던 것은 아닌가 생각해 본다.

　수학능력시험 자체에도 사회적으로 여러 가지 문제점이 있기는 하다. 하지만 내가 이야기하고 싶은 것은 이 시험 제도가 생겨난 배경과 목적이다. 수능을 만든 사람들의 이야기를 직접 듣지는 못했지만, 다양한 관점으로 문제를 바라보고, 생각하고, 답을 이끌어 내는 능력을 키우는 일이 대학을 가기 이전에 만들어져야 해서 수능이 생겨난 게 아니었을까? 사회에 나와 어떤 직업을 통해 삶을 살든 통합하여 사고하는 습관이 모두에게 필요함을 가장 잘 반영한 여러 제도 중 하나라고 생각한다.

대박을 향한 워밍업!
이것저것 섞어서 새로운 창조가 탄생하는 예를 더 찾아보자. 아니면 스스로 이것저것 막 섞어보자. 예를 들어서 청바지와 케첩을 섞는다거나 하는 식으로 말이다. 이 경우에는 빨랫감이 생길 뿐이지만 다르게 섞다 보면 또 뭐가 나올지 모르는 게 창조의 재미다.

메모지를
놓지 마라

통섭적 사고에 익숙해졌다고 해도 안심하면 안 된다. 언제나 우리 인간은 망각하고 같은 실수를 반복한다.

이를 위해 항상 지녀야 할 것이 바로 메모지와 펜이다. 머릿속에 번뜩이며 지나가는 그 수많은 아이디어들과 지혜를 꼼꼼하게 기록하는 습관을 가져야 한다. 창조적 사고를 했다고 해도 그것을 그냥 놓친다면 무슨 소용이 있겠는가.

경민대학교 디지털영상과 민장근 교수의 말을 인용해 보겠다. 기억력에 따라 개인차는 있지만, 대부분 사람은 새로운 정보의 약 60퍼센트를 1시간 내에 잊는다고 한다. 뇌의 한계가 이럴진대 "나는 기억력이 훌륭해." "나는 머리가 좋아." 등의 자신감으로 아이디어를 기록하는 데 게으르다면 결과는 뻔하다.

이노디자인의 김영세 대표이사는 세계 디자인계의 아카데미상으로 불리는 IDEA에서 금, 은, 동을 모두 수상한 진기록을 남겼다. 그는 그 비결을 '메모의 힘'이라고 했다. 디자인과 관련된 아이디어가 생각날 때면 냅킨에도 스케치를 한다고 덧붙였다. 아이디어는 언제 어디서든 예고 없이 떠오르기 때문이라는 것이다. 누구나 머릿속에는 온갖 생각들이 다 지나간다. 이를 잡느냐 놓치느냐가 곧 아이디어를 성공적으로 실체화할 수 있느냐 없느냐를 가른다.

정신병 치료에 쓰이던 브레인스토밍 기법이 또 다른 회의 방식으로 각광받는 것도 같은 이유다. 그냥 스치고 지나가는 온갖 아이디어들을 잡아 두자는 것이다.

그러면 단순히 메모만 한다고 되는 것일까? 그건 아니다. 뭐든지 요령이 있어야 한다. 민장근 교수가 말하는 '메모 잘하는 법'을 하나하나 살펴보자.

첫째, 언제나 메모할 준비가 되어 있어야 한다. 쉽게 잊히는 순간적인 아이디어를 놓치지 말아야 한다. 다시 생각하기 위해 애쓰는 수고를 덜어야 한다. 과거에는 훌륭한 경영자라면 반드시 펜을 갖고 다녀야 했다. 수첩에는 빼곡히 아이디어가 담겨 있어야 했다. 애초에 이런 습관이 없다면 훌륭한 경영자가 될 수조차 없었다. 이게 번거로웠던 사람들에게 좋은 대안이 있다. 항상 들고 다닐 수밖에 없는 스마트폰을 활용하는 것이다. 편리하게 메모할 수 있는 시대다. 잊지 말자. 언제나 메모할 수 있어야 한다.

둘째, 개인의 취향에 맞게 메모하는 법을 개발하고 익혀야 한다. 반드시 지켜야 할 형식이 있는 것은 아니다. 하지만 머리에 불현듯 떠오른 생각을 일일이 글로 다 적다 보면 오히려 그 생각을 놓칠 수 있다. 최대한 간편하게 적는 것이 중요하다. 암호를 활용할 수도 있고 기호를 활용할 수도 있을 것이다. 자유롭게 메모하고 추후 의미만 파악할 수 있으면 된다.

셋째, 목적의식을 갖고 메모를 해야 한다. 사람을 상대할 때 인상, 성격, 선호하는 물건, 만나게 된 동기 등을 메모해 두면 자신만의 비밀 자료가 된다. 가령 광고 아이디어를 짜는 사람이라면 메모의 목적은 바로 카피 하나를 짜기 위해서일 것이다. 이 목적을 염두에 두고 메모를 한다면 소비자에 대한 정보가 축적되었기 때문에 저절로 훌륭한 아이디어 소스가 쌓일 것이다.

넷째, 메모는 반드시 정리해야 한다. 아예 메모를 하지 않는 것보다는 낫지만, 그래도 메모를 정리하지 않는다면 결국 잊히기 마련이다. 하루에 한 번 정도, 자기 직전 혹은 일어난 직후 10분만이라도 그간의 메모를 다시 살펴보며 계획을 짜는 습관을 갖자. 또한 정리된 리스트를 수시로 체크하여 완성도를 높이자.

메모의 중요성은 아무리 강조해도 부족함이 없다. 이 장을 덮는 즉시 수첩을 준비하라. 이게 번거롭다면 스마트폰에 메모 앱이라도 깔아라. 최첨단 세상이다. 당신이 하고자 하는 작은 행동에 걸림돌이 있다면 어떻게든 극복해야 한다. 그리고 당장 메모를 시작해야 한다.

차근차근 메모를 하다 보면 스스로 자신만의 메모하는 요령도 생길 것이다. 이 과정 속에서 복잡하게 엉켜 있던 머릿속이 정리될 것이다. 무엇보다 성격에 변화가 생길 것이다. 그리고 스스로 아주 흡족해질 만한 나만의 장점을 만나게도 될 것이다. 이 재미를 여러분도 꼭 겪어 보길 바란다.

대박을 향한 워밍업!

이미 메모 습관이 일상화된 분들에게는 자기만의 다양한 방법이 있을 것이다. 하지만 만약 메모 습관이 아직 몸에 낯설다면 다이어리를 쓰는 것부터 시작해 보기를 권한다. 메모를 잘 하라고 나온 상품인 만큼, 가장 쉽게 메모 습관을 들이는 방법이라고 생각한다.
스마트폰에 메모하는 습관은 디지털 문화에 아주 익숙해지기 전에는 개인마다 효율성에 차이가 있다. 이럴 때는 차라리 아날로그적인 것이 좋다. 심지어 휴지 조각에 메모하는 습관을 가진 사람도 있다고 한다.

정보의
바다

　지금 우리 시대는 '정보가 넘쳐흐르는 시대'라고 불린다. 그만큼 이전에는 상상도 못할 정도로 풍요롭게 정보에 접근하며, 선택할 수 있다. 특히나 월드와이드웹(www)이라고 불리는 인터넷이 대표적이다.

　이를테면 스위스의 노벨상 수상자 23명의 목록을 한 번 만들어 보라는 숙제가 있다고 한다면 별다른 방법이 없었다. 반드시 도서관에 가서 브리태니커 백과사전의 노벨상 색인을 찾아봐야 했다. 수많은 노벨상 수상자들의 국적을 일일이 확인하면서 하나씩 적어야만 했을 것이다. 하지만 현재는 어떤가? 간단한 인터넷 검색 몇 번으로 수상자 수가 23명이 아니라 29명이라는 사실까지도 알 수 있다.

하지만 그렇다고 해서 마냥 편안하게만 있어서는 안 된다. 정보의 바다에 익사해 버리면 곤란하기 때문이다. 인터넷에는 잘못된 정보도 많다. 잘못된 정보가 일파만파로 퍼지면 수습이 힘들다. 예를 들어 보자. 이승복 사건이 거짓이었다는 주장이 한 번 퍼지자 사람들은 "그럴 수도 있겠구나." 하면서 이를 퍼뜨렸다.

"어린 아이가 '공산당이 싫어요!'라고 외쳤다는 게 말이나 되는 소리겠어?"

이런 심리로 말이다. 1990년대 초반에 이런 문제 제기가 처음 있었고 1990년대 후반이 되면서 소문이 퍼지기 시작했다. 발 없는 말이 천리를 간다는 게 이런 경우다. 유족들(이승복의 형)은 엄청난 상처를 받았다. 이승복의 조카들은 학교에서 "너네 삼촌 다 거짓말이라면서?"라는 놀림까지 받아야 했다. 전국 초등학교마다 있었던 이승복 동상이 하나둘씩 철거됐고 지금은 전국에 겨우 10개 정도 남았을 뿐이라고 한다.

결국 「조선일보」는 소송을 시작했다. 「조선일보」는 1968년 최초로 '공산당이 싫어요' 특종 보도를 한 언론사이다. 오랜 민사소송 끝에 지난 2005년 「조선일보」가 승리했다. 이승복이 실제로 그런 말을 한 정황이 드러난 것이었다.

하지만 한 번 주변에 물어보라. 꽤 많은 사람들이 아직도 이승복 사건의 진위를 의심하고 있다. 이것이 바로 거짓 정보가 가진 위력이다.

사람들은 처음 떠도는 소문에는 많은 관심을 갖고 지켜보지만 시간이 흐르면 이내 잊는다. 만약 친한 친구가 살인 혐의로 공개수배된다고 생각해 보자. 그러다 체포된 후 재판을 거쳐 무죄로 출소한다. 많은 사람들은 이미 그 주변을 떠났을 것이다. 그가 무죄로 풀려났지만 사람들이 예전처럼 그를 스스럼없이 대할 수 있을까? 지금 생각은 어떨지 몰라도 실제로 저런 일을 겪는다면 말처럼 쉽진 않을 것이다.

그러니 이제 정보 자체의 양보다는, 정보를 어떻게 선별하고 구분 지을 것인지가 관건이 됐다. 정확한 팩트에 기반해야 할뿐더러, 충분히 정보 수집자의 의도에 부합해야 한다.

사실 이 책을 쓰기 위해 내가 해 왔던 작업도 이런 정보 선택의 일환이다. 수많은 아이디어와 발명 자료들과 성공을 위한 마케팅 기법에서 책의 주제에 맞는 적절한 것들을 골라내 최적의 위치에 배치하는 일을 해 왔기 때문이다.

내가 해 온 아날로그 방식도 있지만 디지털 시대에는 정보 수집 분류 프로그램을 만드는 벤처 기업들의 수도 계속 늘어나고 있다. 이들의 서비스만으로도 보통의 일반 사람들은 충분히 훌륭한 정보를 얻을 수 있어서 다행이다. 단, 조금 더 부지런해져야 하기는 하지만 말이다. 한 번 분류한 정보를 잘 기록해 두는 메모 정신이 있어야 하기 때문이다. 이것이 습관이 되어 있지 않다면 "어라, 내가 어제 잠깐 보고 좋다고 생각했던 사이트 주소가 뭐더라?"라고 중얼거리며 다시 시간을 투자해야 할 수도 있다.

올바른 통섭적 사고를 펼치기 위해서는 알고 있기만 했던 정보와 지식을 머리 속에서 체계적으로 카테고리화하고 관점을 갖도록 노력해야 한다.

최첨단 정보화 시대에 검색 서비스를 적절히 이용해 굉장한 발명을 해낸 사례를 하나 보자.

2011년에 미국의 청소년 과학자 잭 안드라카는 인터넷을 통한 정보검색과 온라인 백과사전 '위키피디아'만을 활용해 혁신적인 암 테스트기를 발명했다. 어떤 정보를 찾아다니고 공부했는지는 알기 어렵지만 안드라카가 필요한 정보를 얻기 위해 얼마나 많은 웹페이지를 보면서 그것들을 정리했을지 능히 짐작이 간다.

〈인텔 국제 과학 경진 대회〉에서 최고상인 고든무어상을 수상하기도 한 이 테스트 키트의 이름은 옴미터다. 5분 안에 정확도 100퍼센트로 췌장암을 진단해 낸다. 기존의 암 테스트보다 168배 빠르고 400배 정확하다. 게다가 2만 6,000배 경제적인 여과지로 인정받았다. 미국 의료계는 이 화제의 발명품에 주목했다.

기본 지식이 있기도 했겠지만, 정보와 지식을 어떻게 활용하면

3장 관심의 폭을 넓히자 : 97

되는지 보여주는 훌륭한 예다. 2014년 현재 안드라카는 어떤 질병이든 즉시 진단하는 스마트폰 크기의 테스트 기계를 발명하기 위해 연구 중이다. 한 발 더 나아가고자 노력하고 있다.

다른 분야에서도 비슷한 예가 있다. 최근 SNS 시대에 온갖 잘못된 정보가 인터넷을 돌아다니는 것은 잘 알고 있을 것이다. 2014년 1월 초 카이스트 학생들이 SNS에 떠도는 잘못된 정보를 걸러 주는 새로운 개념의 검색 엔진을 개발했다는 소문을 들었다. 이들의 기초적 아이디어도 구글의 그것과 비슷하다는 생각이 얼핏 들었다.

이들뿐이겠는가? 얼마나 많은 인재들이 지금도 창조를 위해 골똘히 머리를 기울이고 있을지 궁금하다. 그러한 모습을 떠올려보면 저절로 입가에 흐뭇한 미소가 지어진다. 밝은 대한민국이 연상되어서라고 하면 될 것이다.

새로운 시장을 찾아 창조적 사고에 여념인 청년들의 건투를 빈다.

대박을 향한 워밍업!

인터넷에서 도는 정보를 100퍼센트 확신하지 말자. 정보의 확실성은 정보 제공자의 신뢰성으로도 담보되지 않는다. 그 제공자조차 애초에 잘못된 정보를 얻은 것일 수도 있다. 항상 다시 한 번 확인하고 점검하는 습관을 들여야 한다.

독도 사랑
막걸리

앞서 예시를 많이 들었으니 내 이야기를 할 때가 된 것 같다. 내가 통섭적 사고로 시작한 독도 관련 사업 하나를 소개하면 독자 여러분에게 좀 더 실감나는 재미와 이해를 줄 수 있을 것 같다.

2014년 현재 주력하는 사업 중 하나는 '독도 사랑 막걸리'다. 2012년부터 본격적으로 개발하기 시작한 상품이다. 울릉군에서 나오는 울릉도 용출수를 사용해 막걸리를 생산한다. 세계적으로 인정받는 울릉 군 추산 용출수를 공급받아 만드는 막걸리다. 그래서 이 막걸리는 한민족 문화의 혼이다. 국가와 민족 역사의 혼을 담아 만드는 이 막걸리와 관련된 기술은 내가 박사 학위를 받은 위덕대학교가 맡았다. 여기서 막걸리 기술연구소를 설립하여 연구개발을 했다. 생산은 울릉우리술㈜이 담당하고 있다.

제품의 질은 훌륭하다. 지난 2013년 10월에 열렸던 〈제11회 대한민국 막걸리 축제〉에 출품하여 호평을 받기도 했다. 시음해 본 분들이 하나 같이 "맛이 너무 깔끔하고 뒤끝이 상쾌하다."고 호평해서 기운이 많이 났다. 지나친 자랑이라고 생각하는 독자분도 있겠지만, 그 축제에서 시음해 본 외국인들도 칭찬 일색이었다.

이 사업을 단지 개발로만 바라본 것은 아니다. 단지 좋은 술 하나 더 만드는 것으로 그치는 것이었다면 감히 '창조'란 단어를 입에 담지도 못할 것이다. 내가 착안한 것은 바로 우리 땅 독도를 더 널리 알리자는 것이다. 기왕 '독도 사랑 막걸리'로 제품을 개발해서 생산하고 보급하는 데 여기에 사회적 의미를 더 부여해야 한다고 믿은 것이다.

아직 진행 중이긴 하지만, 장기적으로 생활 속의 독도 사랑을 실천하는 독도 역사 문화관을 전국에 설치하고 있다. 기존 일반 음식점들 중에서 가맹점을 모집하는 것이다. 참여 사업자들에게 관장이라는 자격을 부여하고 그에 걸맞는 일정 수준의 교육도 진행할 생각이다. 참여 사업자 모두가 상공인이면서 역사 문화와 예술을 사랑하는 딜레탕트(dilettante)를 추구한다.

이렇게 되면 전국에 많고 많은 음식점들 중 상당수가 독도 역사 문화관이 되는 것이다. 여기서 독도 관련 동영상도 틀고, 이것저것 자료도 놔두고, 독도 사랑 막걸리도 판매한다. 그러다 보면 우리 국민 모두가 좀 더 정확히 독도의 역사에 대해 알게 되고, 좀 더 자신 있게 세계에 나가서 "독도는 우리땅!"이라고 조리 있게 주장할 수 있을 것이다.

실제로 일본이 주장하는 소위 독도 영유권 주장의 망동을 보면 한국 측의 논리를 예리하게 논파하며 공격하고 있다. 그들도 그들 나름대로의 근거를 만들고 국제 사회에 주장을 하고 있는 것이다. 국제적 설득력을 갖기 위해서, 우리가 독도의 참주인이기 때문에 제대로 배워야 한다. 그래야만 대한민국 땅 독도의 역사적, 사회적 의미에 대해서도 설명할 수 있다.

그런 고민의 결과가 바로 이 독도 역사 문화관 사업이다. 개인적으로 요식업과 사회 공헌 사업을 적절히 결합한 예라고 생각한다. 사업의 성공과 실패 여부를 떠나 다양한 방면으로 고민하다 보면 이렇듯 새로운 아이디어가 떠오를 수 있다. 이런 것도 통섭의 한 종류가 아닐까 한다.

대박을 향한 워밍업!
독도 사랑 막걸리는 사회 공헌 사업과 주류 사업을 합친 아이디어인데 사고를 여기서 멈추면 안 된다. 생각의 끝자락에 도달했다고 하더라도 언제나 한 발 더 나아가야 한다. 혹시 독도 역사 문화관을 일본에 진출시킬 순 없을까?

생활 속의
독도사랑

독도 사랑 막걸리 사업과 연관하여 여러분에게 이야기하고 싶은 문제가 있다. 바로 독도 문제다. 내가 총재로 있는 한민족독도사관(韓民族獨島史觀)은 '생활 속의 독도 사랑'이라는 국민 문화 운동을 전개하는 사설 연구소다. 우리의 생활과 의식 속에 늘 독도를 중심에 두고 생각하자는 정신을 담은 운동을 실천하는 곳이다. 영토 문제 속에는 국제 외교와 경제 교류 등 냉혹한 현실이 매달려 있다. 그러하기에 한민족독도사관은 우리 국민이 영토 문제에 자각하여 스스로 맡아야 할 당위성과 정당성에 접근하고 있다. 우리 국민이 각자의 역할을 감당할 수 있도록, 관련된 지식을 기반으로 자긍심을 겸비하는 데 주력하는 것이다.

"잔잔한 물은 노련한 뱃사공을 만들지 못한다."는 옛말이 있다. 이 말에는 혹독한 경쟁 상황과 충격적인 환경을 이겨 냈을 때 사람도, 조직도, 기업도, 비로소 경쟁력을 갖추게 될 것이라는 교훈을 준다. 이 연구소에서는 '지금의 어려움이 우리의 현실을 직시하게 하는 스승'이라는 자각과 함께, 정도의 길을 함께하는 국민 실천 운동을 펼치고 있다. 아름다운 목소리가 화음이 되어 역사의 관계 자산을 찾아 항해를 하는 생활 속의 독도사랑이다.

영토를 지키는 것은 궁극적으로 국민의 몫이다. 이번에는 대한제국 칙령 제41호 독도 순수비와 유허비에 관한 이야기를 해 보겠다.

우리에게도 그동안 진정한 우리의 역사를 정당하고 당당하게 배우지 못한 시간들이 더해져 빚어진 슬픈 책임이 존재함을 자각해야 한다. 귀중한 독도 역사의 접근법 일환으로 울릉도 추산지역(북면 나리 414번지)에 대한민국 최초로 '대한제국 칙령 제41호 독도 순수비'를 건립했다. 유허비 뒷면에는 유허문을 서각했다.

독도의 옛 이름 중 하나는 석도(石島)였다. 구한말 공도 정책을 폐지한 고종의 명에 의해 태백준령에서 살아 온 화전민과 고흥 반도와 여수 등지의 주로 서남해안의 어민들을 울릉도로 이주시켜 왔다. "척박한 환경에서 살아남기 위해서는 모진 환경에서 단련된 삶들을 이주시켜야 한다."는 고종 임금의 명이었다고 한다.

석도라는 이름의 유래는 이렇다. 이러한 관계로 울릉도 이주민의 대다수가 전라남도 해안 지방 등 호남 사람들이라 그 지역 사투리가 이전되어 '돌섬'을 '독섬'이라 불렀다. 고흥 반도와 여수 등지의 전라남도 해안 지방 사투리에는 '돌'을 '독'으로 부르며 지금도 '자갈'을 '독자갈'로 부르고 있다. 이를 공문서상의 한자 표기는 훈독 음차하여 '석도'라고 표기하게 됐다. 그 지역 사투리에서 '돌'을 '독'이라고 부르던 유래가 주민들의 이주와 함께 전해져 우리 민족의 생활사 속으로 스며든 사례다. 근대 격랑의 세월을 넘어온 독도 지명의 변천사를 알 수 있는 귀중한 사료다.

나는 대한제국칙령 제41호 순수비를 통해 독도의 참 주인으로서 정당함을 알았다. 그 역사를 이어가야 할 당위성을 알았다. 수수만대 이어가야 할 한민족의 혼(魂)을 만났다.

그리고 이러한 혼을 담아 한민족독도사관 천숙녀 관장, 이상화 연구위원장과 의기했다. 그리고 나라의 구성원으로서 힘을 보태고 싶은 마음을 담아 한민족독도사관 총재로서 2013년 5월 7일에 순수비를 세웠다.

여러분에게 알리고 함께 논의하고 싶은 이야기가 하나 더 있다. 바로 '독도의 날'에 관한 이야기다. '독도 칙령 반포 기념일'을 '독도의 날'로 만들면 일본의 덫에 걸리고 만다. 무슨 소리인가 하고 의아하다는 분들이 있을 것이다.

귀중한 우리의 역사를 직접 기념하지 못하고 독도의 날로 우회하는 것에 반대하는 이유는 이렇다. 일본이 그동안 공격의 논리로 사용해 온 주장 중에는 "석도가 독도라는 증명이 어디에 있느냐!"라는 것이 있다. 그래서 '독도의 날' 지정은 석도와 독도의 명칭이 일치될 수 없다는 일본의 주장, 즉 '간극 벌리기 전략'에 도움을 주는 역사 역행의 덫에 걸리는 일이다.

그렇기에 굳이 일본보다 늦게 독도의 날을 지정함으로써 늦은 결정을 한 데에는 이유가 있지 않겠느냐는 인식을 심어 주고, 오해를 불러오는 일을 지양해야 한다. 그래서 10월 25일에 '독도의 날' 지정을 적극 반대하는 것이다.

대한제국칙령 제41호 반포에 관한 기념일에 직접 '독도칙령의 날'에 접근하는 것이 바람직하다. 우리가 독도의 참 주인이라면 참 주인의 후손들에게 부담을 주는 행위는 하지 말아야 할 것이다.

인류에게 있어서 시간은 역사의 기록만을 남기고 지나간다. 독도의 날 관련법이 일본은 9회차이고, 우리나라는 2014년에 통과되어야 겨우 1회차가 된다. 이것은 독도 역사에 있어서 일본보다 늦게 만들어진 유일한 우리의 기록으로 존재하게 될 것이다. 일본은 그 틈을 절대 그냥 두지 않을 것이 명백하기에 부화뇌동의 행위로 일본이 쳐놓은 독도의 날이라는 시간의 덫, 역사의 덫에 걸려들지 말아야 한다.

4장
진정성이 성공의 토대다

바로 옆 사람, 바로 내 이웃이 겪는 불편함을 진심으로 이해해야 한다.
그리고 온 마음을 담아 이를 극복하려는 노력이 있을 때
창조로 이어지고 대박을 낳는 것이다.

불편함은
발명의 어머니

내 또 다른 발명품 하나를 소개하면서 이 장을 시작하겠다.

아내가 출산한지 얼마 안 됐을 때의 일이다. 집에서 아이를 기르는 데에 큰 불편함은 없었다. 그런데 딱 한 가지, 우유병 세척하기가 아내의 가장 큰 고난이었다. 그래서 시장을 알아보니 우유병세척기라는 건 단 1대도 없었다.

그래서 직접 만들어 보기로 결심했다. 식기세척기의 기존 원리를 그대로 따르면서도 우유병을 잘 세척할 수 있게 몇 가지 부품들을 추가했다. 결과는 성공적이었다. 싱크대에 설치도 쉽게 할 수 있게 만들어서 바로 특허 출원을 했다.

이 우유병세척기를 상품화까지는 하지 못했다. 대량 생산으로

가기에는 투자해야 할 비용이 너무 커서 부담스러웠기 때문이다. 그러던 어느 날, 유럽 어느 나라에서 이 우유병세척기를 10만 대 주문하겠다고 연락이 온 적이 있었다. 상품화를 하지 못한 나는 이렇게 말해야 했다.

"죄송합니다. 아직은 상품화가 안 되어서 공급이 어렵습니다."
정중히 주문을 거절했다. 상황이 그럴 수밖에 없었다. 그런데도 시간이 한참이나 지난 지금 생각해도 아쉬움이 남는다. 그래서 만약 내가 그 상품화에 성공했더라면 내 인생은 다른 종류의 대박을 맞지 않았을까? 하는 상상을 할 때가 있다.

아무튼 내가 이 장에서 말하고자 하는 핵심은, 창조를 할 때에는 누군가를 위한 진정성을 가져야 한다는 것이다. 창조는 결국 인류의 발전을 위해야 한다. '인류'는 대단한 것이 아니다. 바로 옆 사람, 바로 내 이웃이다. 그들이 겪는 불편함을 이해하고 이를 극복하려는 노력이 결국 창조로 이어지고 대박을 낳는다.

여성에 의한, 여성을 위한 발명에 얽힌 재미있는 이야기가 많다. 발명의 기본적 아이디어가 어려운 것도 아니고 복잡한 기술이 필요한 것도 많지 않아서 더 많은 흥미를 끌 수 있기 때문이다.

앞서 예를 든 한경희 대표와 이길순 대표처럼 여성 발명가가 직접 대박을 이루는 경우가 현대에 더 많아지는 이유는 여성의 사회 진출이 그만큼 활성화됐다는 반증일 것이다. 게다가 누구나 어머니가 있고, 대부분 아내가 있고, 상당수 딸이 있다. 그리고 많은 여성들은 가사 업무에 최선을 다하며 살아가고 있다. 그래서 남성들에게는 '생활 속 창조'라는 관점에서 여성들이 겪는 불편함을 살펴보는 노력도 필요하다.

이런 시각이 특히 남성들에게 중요한 이유는, 그간 잘 겪지 못했던 불편을 직접 느끼고 개선점을 찾아볼 시도를 하게 되기 때문이다. 앞서 말했던 '낯설게 세상 바라보기'를 위해 필요한 유용한 방법론이 될 수도 있다. 여성을 위한 발명 사례를 몇 가지 보자.

제1차 세계대전 직전까지 여성들은 생리 기간에 면 소재 천을 사용했다고 한다. 천은 한 번 쓰고 버리기에는 아까운 것이라서 매번 빨래도 해야 했다. 그러다가 전쟁터의 간호사들이 당시 신소재였던 셀루코튼으로 면을 대체하기 시작했다. 척박한 환경 속에서 자연스레 돌파구를 연 것이다. 소문은 금세 퍼졌다. 그리고 1920년에 킴벌리사의 1회용 생리대 코텍스가 탄생했다. 여성이 해방된 순간이었다.

생리대의 진화는 여기서 그치지 않는다. 일본인 사카이 다카코 여사는 모든 종이와 화장지, 천을 모아 끈질긴 노력 끝에 흡수성이 가장 강한 것을 찾아냈다. 그리고 이를 적당한 크기로 접고 얇은 방수막을 입힌 후 편하게 착용할 수 있도록 두께와 크기까지 조절했다. 결과는 대성공이었다.

여성들은 이런 식으로 한 달에 한 번 겪어야 했던 필연적인 불편함에서 점차 해방됐다. 개발자 사카이 다카코 여사가 막대한 부를 쌓은 것은 당연한 일이다.

청소기에 관련한 일화도 있다. 요새는 로봇 청소기가 대세다. 작동시키고 나서 외출하고 다녀오면 집이 깨끗해져 있다. 로봇이 인공지능으로 알아서 집안을 청소하는 것이다. 그래도 일말의 불안감이 없지는 않다.

"잘 하고 있으려나? 엉뚱한 데로 가서 떨어지거나 하진 않았나?"

이를 해결한 것이 로봇 청소기에 카메라를 다는 것이다. 스마트폰으로 로봇의 시선을 볼 수 있다. 원격조종도 가능하다. 모뉴엘이라는 국내 업체의 아이디어다. 성공 가능성을 떠나, 사람들이 갖는 일말의 불안감마저 놓치지 않으려는 노력의 마음이 보여서 흐뭇하다.

대박을 향한 워밍업!

여성의 가사 생활에서 불편한 점은 무엇일까? 세척, 빨래, 청소 등 다양하게 생각하자. 그리고 로봇 청소기의 불편한 점에 대해 주부의 눈으로 생각해 보자.

배고픈 사람들에게
희망을

요새야 웰빙이니 뭐니 해서 라면을 안 먹는 사람들도 있다지만 1960년대 초반에 한국은 사정이 달랐다.

당시만 해도 한국은 세계에서 가장 가난한 나라 중 하나였다. 미군의 음식 쓰레기로 꿀꿀이죽을 끓여 먹는 게 일상일 정도였다. 의정부 부대찌개의 출발도 이런 것이었다. 미국에서 밀가루를 구호물자로 보내긴 했지만 양이 부족한 것은 매한가지였다.

그래서 삼양의 전중윤 회장은 10년 전 일본의 식량난을 해결하는 데 일조했던 라면을 한국에 들여왔다. 발명자 안도 모모후쿠가 제조특허를 독점하지 않은 덕분에 가능했다고 한다. 게다가 일본의 '묘조 라면' 사장이 선의로 전 회장에게 노하우를 전부 이

전해 준 덕도 있다.

그렇지만 처음부터 쉽지는 않았다고 한다. 한국인의 입맛에 맞지 않았던 것이다. 나중이 되어서야 고춧가루로 맛을 맵고 짜게 만들어 한국인의 입맛에 맞출 수 있었다. 그리고 곧 한국 사람들에게 최고의 간식이 되어 버렸다. 성질이 급한 한국 특유의 문화 속에서 라면은 계속 발전했고 지금 한국은 라면 강대국이 됐다.

라면의 시작은 일본이었다. 1945년 제2차 세계대전에서 일본이 패망한 직후 그들의 처지는 1960년대의 한국과 비슷했다. 먹거리가 부족했고 사람들은 절망에 빠져 있었다. 안도 모모후쿠라는 사람이 밀가루를 원료료 한 식품 개발을 고민하다가 발명한 것이 라면이었다. 최초의 인스턴트 라면은 1958년 '닛싱 치킨 라멘'이라는 제품이다.

이 라면이 만들어진 배경에 대해서는 두 가지 설이 있다. 하나는 안도 모모후쿠가 식당에 갔다가 어묵을 튀기는 방법을 보고 고안했다는 설이다. 다른 하나는 중일전쟁 당시 중국군이 건면을 튀기고 다닌 것에서 착안했다는 설이다.

그렇지만 여기서 주목할 것은 그가 라면 제조에 대해 특허를 취하지 않았다는 사실이다. 그가 좌우명으로 삼았다는 말을 보면 그 이유를 짐작할 수 있다.

먹는 것이 풍족하게 될 때야말로 세상은 평화로워진다
세상을 위해 먹는 것을 만든다

食足世平

食創爲世

전후의 가난을 극복하기 위해 개발한 제품인 만큼, 자기 혼자 이득을 취하지 않겠다는 마음이 느껴진다. 라면이 히트를 친 이후에도 그 제조 기법은 국내외 어느 업체에서도 자유롭게 사용할 수 있었다.

안도 모모후쿠처럼 획기적인 발명을 하고는 이를 모두와 공유하기로 마음먹는다는 것은 아무나 할 수 있는 일은 아니라고 생각한다. 아마 발명의 목표가 이웃에 대한 보편적 사랑에 있기에 가능했을 것이다. 나도 발명가로서 이익을 떠나 이렇게 인류 전체에 이바지할 수 있는 일을 하나쯤은 꼭 남겨 보고 싶다.

대박을 향한 워밍업!

최근에는 밥이나 반찬 등 인스턴트로 나오지 않는 음식이 거의 없다고 해도 과언이 아니다. 한국인들에게 인기가 많은 삼겹살을 인스턴트로 먹을 순 없을까? 엉뚱한 생각을 해 봤다.

4장 진정성이 성공의 토대다 : 115

희망은 언제나
곁에 있다

내 고향은 강원도 태백시의 한 광산촌이다. 나는 4남 2녀 중 3남으로 태어났다. 초등학교 시절 아버지는 광부였다. 그런데 천식이 심해져서 일을 못 하게 됐다. 할 수 없이 어머니가 막노동을 했다. 건설 현장에서 남자들이 하는 질통 지는 일까지 해냈다고 하니 얼마나 힘이 들었을지 눈으로 보지 않고도 가슴이 아팠다. 결국 아버지는 40세라는 젊은 나이에 광부들의 직업병인 진폐증 판정을 받아 입원했다. 우리 가족의 생활은 더욱 어려워졌다. 그리고 이런 어려운 생활 속에서 단단히 각오했다.

'돈이 없으니 이렇게 힘들다. 난 어른이 되면 꼭 사업을 해서 돈을 벌어야겠다. 그래서 부모님과 가족들이 행복하게 살 수 있도

록 해야겠다.'

철모르는 시절의 다짐일 수도 있지만 반드시 이뤄야 하는 꿈이었다. 자신감도 있었다. 나는 살 수밖에 없는 운명이라는 믿음이 있었다. 무슨 말인고 하니, 7살 때 저수지에서 올챙이를 잡으려다가 물에 빠진 일이 있었다. 철도 현장에서 공사용으로 만들어 놓은 곳이었다. 무려 6시간이나 심장이 멈춰 있었다고 한다. 아버지는 놀라서 나를 병원으로 데리고 갔는데 맥을 짚어 본 의사가 고개를 절레절레 흔들며 침통하게 말했다고 한다.

"이미 사망했습니다. 장례를 준비하셔야 할 것 같습니다."

아버지의 눈에선 펑펑 눈물이 흘렀고 마지막으로 의사에게 이렇게 이야기했다고 한다.

"여한이라도 없게 제발 주사라도 놔 주세요."

마지막 미련 같은 것이었나 보다. 그런데 이게 나를 살렸다. 의사가 엉덩이에 주사를 2번 놓았는데 심장에 쇼크가 와서 다시 맥이 뛰기 시작한 것이다. 황천길 다 갔다가 돌아온 셈이다. 어리둥절하게 정신을 차린 나를 보면서 아버지와 의사는 크게 놀랐다.

"기적이야! 기적! 감사합니다."

나는 펑펑 우는 아버지를 멀뚱멀뚱 바라만 볼 뿐이었다. 아버지는 종종 당시를 돌아보며 이야기했다.

"넌 크게 될 놈이야. 죽다가 살아났는데 못할 게 뭐가 있겠니?"

아버지의 말씀은 머리에 깊이 박혔다. 그래서 다짐하게 된 것이다. 죽었다 살아났으니, 성공해서 사회 공헌하며 더불어 잘 살기로 말이다.

지금 이 순간 책을 읽고 있는 독자 여러분에게도 마찬가지 말을 하고 싶다. 살 사람은 살게 되어 있다. 그런데 당장 여러분은 살아 있지 않은가? 인생의 수많은 위기를 거치고 지금까지 살아 있다는 것만으로 여러분은 충분히 가치 있는 사람이다.

자신의 가치를 믿고, 그것을 세상에 증명하자. 지금 당장은 어떤 어려움이 있더라도 결국은 다 극복 가능한 것이다. 희망은 언제나 곁에 있다.

대박을 향한 워밍업!

간혹 희망에 대해 부정적으로 말하는 사람도 있다. 성공한 사람들의 자기 합리화라는 것이다. 그렇게 생각할 수도 있다. 아무리 과정이 더 중요하다고 도덕적으로 외친다고 해도 성공은 어차피 결과로 증명하는 것이니 말이다.

하지만 이렇게까지 부정적으로 사고하는 습관이 너무 내면화되면 결국 이는 자기부정으로 이어진다. 그렇게 되어서 좋을 게 뭐가 있나? 희망이 실제 존재하건, 아니면 자기합리화 용어이건 상관은 없다. 단지 '희망이 있다고 믿는 행동' 자체로 인생은 건강해지는 것이다. 나는 그렇게 믿고 있다.

창조의 목적을
놓치지 마라

창조의 목적은 결국 인간에 대한 진정성에 있다. 이를 놓친다면 서두에서 말했듯 그야말로 '쓸데없는 창조물'들이 세상에 나올 것이다. 재미를 위해 이 쓸데없는 창조물들 몇 개를 소개해 보겠다.

 안약을 넣을 때 눈을 깜빡여 약을 다시 넣어야 했던 경험이 있을 것이다. 이를 막기 위해 눈 위에 안약 깔때기를 설치할 수 있는 안경이 있다. 핸드폰으로 셀프 카메라를 찍는 게 불편하다는 사실에 착안해 만들어진 셀카 막대기라는 것도 있다. 담배 1갑을 한 번에 편하게 피우라고 고안된 담배 홀더라는 것도 있다. 오히려 반대로 담배 1대를 두 사람이 나눠 피도록 고안된 홀더도 있다. 스마트폰에 지문 묻지 말라고 손가락에 끼는 작은 고무장갑도 있다. 귀를 팔 때 귓속을 직접 보면서 팔 수 있도록 반사경을 달아 놓는 아이디어도 있다. 지하철에서 편히 서서 자기 위해 머리를 고정시키는 장치도 있다.

이 정도가 되면 최초 출원자는 상품화를 통한 대박을 바란 게 아니라 단지 유쾌한 사람이 아닐까 하는 생각이 든다. 이 정도야 애교로 봐 줄만 하지만 안타까운 경우도 많다. 의지는 있는데 방향을 모르는 발명가 지망생들 말이다.

특허로 등록되는 아이디어 중에서 실제로 상품화되는 성공 사례의 확률은 한 자릿수 정도에 불과할 것이다. 왜 그럴까? 개발자가 사업 수완이 없어서 그런 경우도 있지만 이런 경우는 특허를 팔 수도 있다. 그런데 실용성이 없는 특허가 참 많다. 특허를 낸다는 흥분에 젖어서 실제로 그 특허가 사람들에게 어떤 이익을 주는지 생각지도 못하는 것이다. 특허나 개발, 창조의 진정한 의미를 잊고 다만 간판에 급급하게 되는 경우다.

창조는 인류에 이바지하는 방향성을 가져야 한다. 예를 들어보자. 세계에서 제일 유명한 상이라면 뭐니 뭐니 해도 노벨상이다. 노벨은 다이너마이트를 발명한 덕에 세계적인 부자가 됐다. 그러나 자신이 폭탄을 발명했다는 자격지심 때문일까? 그의 유언장에는 이렇게 적혀 있다고 한다.

내 모든 재산으로 세계를 위해 공헌한 사람을 뽑아 상을 줘라.

이것이 노벨상의 탄생이다. 노벨이 자격지심을 가졌다는 것은 불확실한 이야기이지만, 나는 자격지심을 가질 필요가 전혀 없다고 생각한다. 왜냐하면 그는 위험하기만 했던 폭발물인 니트로글리세린을 안정화시킨 사람이기 때문이다.

그 시대에 니트로글리세린은 폭발력은 강하지만 액상인 데다가, 외력이 조금이라도 가해지면 폭발해서 취급이 굉장히 어려웠다. 혹시 마틴 캠벨 감독의 영화 「레전드 오브 조로」를 기억하시는 분이 있는지 모르겠다. 이 영화에 니트로글리세린이 나오는데 작품 안에서는 '미국을 멸망시킬 위력을 가진' 폭탄이라는 평가를 받고 있다.

하지만 노벨이 1866년 규조토에 니트로글리세린을 흡수시키면 안전해지고, 뇌관을 통해서만 폭발한다는 것을 알아냈다. 미국과 영국에 특허를 낸 해는 그 다음 해인 1867년이다. 이로 인해 그간 탄광이나 공장 지대에 자주 발생하던 폭발 사고가 현저히 줄었고 인명 피해도 마찬가지로 크게 줄어들었다.

노벨의 공로는 엄청난 것이다. 이러하기에 노벨상이 지금의 권위를 갖는 것인지도 모른다. 애초 니트로글리세린을 좀 더 안전하게 만들어야 한다는 노벨의 의지가 없었다면 다이너마이트는 발명이 불가능했거나 더 늦어졌을 것이다. 발명가가 가져야 할 진정성이란 이런 것이 아닐까? 이러한 창조야말로 인류에 길이 길이 기억될 것이다.

비슷한 사례가 또 하나 있다. 1800년대 광부들이 갖는 공포 중 하나는 가스 폭발이었다. 어두운 곳에서 일이 가능할 턱이 없었다. 그래서 성냥불이라도 키면 그대로 '펑!' 하고 터지는 끔찍한 일이 종종 일어났던 것이다.

당시 최고의 과학자 중 한 사람이었던 데비 박사가 이를 해결하기 위해 나섰다. 그리고 불씨가 철망을 통과하지 못한다는 사실을 발견했다. 이를 토대로 안전등을 개발하는 프로젝트를 마무리할 수 있었다. 발명계에는 이런 말이 있다.

발명의 개수가 중요한 것이 아니다. 실용화가 가능한 알찬 발명을 하는 이가 훌륭한 발명가다.

대박을 향한 워밍업!

흔히 들을 수 있는 유명한 발명가들이나 발명 사례들에 대해 가만히 생각해 보자. 역사에 길이 남는 발명들 말이다. 다 인류에 큰 도움이 된 발명이다. 결국 알찬 발명이 사람들의 입에 오르내린다. 에디슨이 유명한 것은 그가 발명한 것들 상당수가 인류 문명의 발전에 결정적으로 기여했기 때문이다. 기왕 하는 발명, 사회에 기여해서 모두가 행복해지면 좋겠다.

활동의
기본 자세

발명이나 창조에만 진정성이 필요한 것은 아니다. 사실 진정성은 모든 활동의 기본이 되어야 한다. 어떤 소설가가 패션계 사람들의 이야기에 대한 작품을 쓴다고 가정하자. 만약 그 소설가가 패션계에 대해 전혀 무지하다면 우선 공부를 좀 해야 할 것이다. 그래서인지 모든 작가들은 글을 쓰기 전에 해당 분야에 대해 상당한 취재 기간을 거친다. 그러지 않고서 대충 쓴다면 아마 그 소설은 다른 사람들에게 읽히지 못할 것이다. 그런 건 출간될 일이 없을 테니 말이다. 『돌연변이』 『발작』 등 의학 스릴러로 유명한 로빈 쿡은 본업이 의사였다. 희곡 작가들의 작품 중 상당수가 연극인들을 다루고 있는 것도 같은 측면이다.

진정성은 서비스직에도 필요하다. 내가 자주 가던 한 식당에서의 일이다. 워낙 자주 가던 식당이라 사장이나 직원들도 내 얼굴은 알던 터였다. 그러다가 사업 관계로 미팅을 하기 위해 식당에 들러서 직원에게 물었다.

"여기 커피 있나요?"

"죄송하지만 커피는 없습니다."

그냥 알았다고 하고 다른 메뉴를 시켰지만 내심 섭섭했다. 대단한 커피를 바란 것도 아니고 인스턴트 커피 믹스에 뜨거운 물 부어서 주는 정도의 정성을 바란 것인데, 매몰차게 거절당했다는 느낌을 받았기 때문이다. 내 얼굴을 모르지도 않을 텐데, 그 정도의 서비스는 제공할 수 있지 않았을까? 아마 그 식당의 사장이었다면 알았다고 하고 커피를 내왔을 것이다. 손님을 대하는 진정성에서 사장과 직원의 차이를 보는 것 같아서 씁쓸했다. 그렇다고 해서 발길을 끊을 정도로 섭섭했던 것은 아니었지만, 이후 나 역시 회사의 직원들에게 주인 정신을 더 강조하게 됐다.

의상 디자이너들에게도 진정성은 필요하다. 기성복을 입을 때 너무 엉뚱한 위치에 달린 주머니나 단추를 종종 볼 때가 있다. 양복처럼 옷 자체의 격식이 중요해서 꼭 형식적으로 있어야 하는 주머니도 아니고, 있다고 해서 특별히 더 예쁜 것도 아닌 경우다. 이해할 수 없는 위치에 불필요한 주머니나 단추가 있으면 아리송

하다. 이 옷을 디자인한 사람은 자기 옷을 입을 사람에 대한 배려가 부족해서 이런 디자인을 했을 것이라고 나는 생각한다.

학생들을 가르치는 직업을 가진 사람도 자기의 일을 그냥 돈벌이 정도로만 생각해서는 제대로 된 강의가 나오지 않을 것이다. '내가 이 학생들의 인생을 책임지고 있다.'는 정도의 소명의식이 있어야만 교육자로서 성공할 것이다. 특히 교육이야말로 백년지대계 아니던가?

대박을 향한 워밍업!
자신이 현재 무엇을 하고 있는지 생각해 보자. 직장인인가? 자영업자인가? 예술인인가? 학생인가? 그 답이 무엇이든 머릿속에 자신의 정체성을 각인시키자. 그 다음에 스스로에게 질문을 던지자.
"나는 지금 진정성을 갖고 있는가?"

실제로
경험하게 하기

언제부턴가 우리나라에도 경차 경찰차의 수가 증가하고 있다. 차의 외관 때문에 도심을 누비는 작은 경찰차를 바라보면 예쁘다는 생각마저 든다. 경차는 그 자체만으로 경제적 효율성이 좋다는 장점을 가졌지만, 경찰차가 경차일 때는 시민들에게 더 가까이 다가가는 친근한 이미지를 가질 수 있다는 게 가장 큰 장점이다. 특히 우리나라의 관용 차량들은 기름 먹는 하마라고 해도 될 정도로 큰 것이 보통 아니었나! 에너지 수입국인 우리나라 환경에서는 적절한 선택이라고 할 수 있다.

하지만 미국에서는 경차 경찰차를 그리 아름답게 볼 수만은 없다. 키가 180센티미터가 넘는 경찰관이 벨트와 수갑, 권총 등을 착용하고 온종일 좁은 차 안에 앉아 있다고 상상해 보자. 끔찍한 일이다. 게다가 용의자 체포 같은 긴급 상황도 자주 발생하는 경우에는 더더욱 말이다.

빌 브래튼이란 사람이 메사추세츠 교통 공단의 경찰국장이었던 시절, 공단 이사회가 소형 순찰차를 도입하기로 결정한 적이 있었다. 단가가 싸고 유지비가 적게 든다는 이유였다. 브래튼은 여기에 직접적으로 반대하지 않았다. 그저 공단 이사장을 데려다가 소형 경찰차에 태웠다. 진짜 경찰처럼 벨트, 수갑, 권총을 채워 주고 말이다. 2시간 후 이사장은 "차에서 내리고 싶다."고 실토해야만 했다. 공단 이사회의 무모한 결정은 곧 백지화됐다.

이 경우는 타인의 일에 내가 진정성을 갖는 것이 어떤 일인가를 잘 보여 주는 일이다. 탁상공론으로 중요한 결정을 내리는 정책 결정권자들은 서류에 도장을 찍기 전에 다시 한 번 곰곰이 생각해 보아야 한다. 생각만으로 안 된다면 실제로 경험하라. 이것이 진정성의 시작이다.

브래튼의 '실제로 경험하게 하기' 전략은 획기적인 경영 사례를 만들기도 했다. 바로 뉴욕 지하철 범죄와 관련한 얘기다.

1990년대 뉴욕 지하철의 별명은 '전기 하수도'였다고 한다. 그만큼 어두워서 공포의 대상이었다. 시민들은 지하철 이용을 꺼렸고, 지하철 수입은 적었다. 하지만 뉴욕 경찰국은 이를 인정하지 않았다고 한다. 통계에 따르면 뉴욕 전체 범죄 중 지하철 범죄는 3퍼센트에 불과했기 때문이다.

브래튼이 뉴욕 경찰청장으로 부임한 후, 그는 중간 관리자들에게 "지하철을 타고 출퇴근하라."고 지시했다. 그리고 이 말 한 마디 덕분에 지하철에 관련된 단점들이 많이 개선됐다. 과거의 어두운 이미지를 버리고 뉴욕 지하철은 우리나라의 지하철처럼 빠르고 싸고 안전한 교통수단으로 정착했다.

대박을 향한 워밍업!

사람들이 필요로 하는 것을 찾아라. 그것을 해결해 주고 싶은 마음, 그것이 곧 창조적 사고의 방향과 같아야 한다. 지금 탁상공론을 하고 있는 것은 아닌지 자신을 돌아보라. 그리고 직접 체험하고 경험하라.

전쟁이
과학 발전을 주도하다

이제 조금 씁쓸한 얘기를 하나 해야겠다. 인류를 위한 마음이 담기지 않은 것 같은 창조가 우연히 인류에 기여한 경우도 있다.

나는 현대 과학을 이야기하는 사람들로부터 "전쟁이 과학 발전의 원동력이다."라는 말을 심심치 않게 들어 왔다. 95퍼센트 이상은 맞는 말이라고 생각한다. 원자력에 대한 연구는 핵폭탄을 만들기 위해 시작됐다. 경영학에서 흔히 얘기되는 게임이론은 전술 연구에서 최초로 비롯된 것이다. 휴대전화 기술의 시초는 전쟁터에서 더 빨리 연락하기 위한 통신 기술 속에서 태어났다. 최초의 컴퓨터로 알려진 콜로서스는 제2차 세계대전 당시 독일 나치군의 암호를 해독하기 위한 것이었다.

이런 사례들을 가만히 보고 있자면 '다른 사람을 더 잘 죽이기 위해 노력한 결과가 현재 우리의 문명으로까지 이어진 것'이라는 생각이 들어 어딘가 오싹하다. 인류는 날 때부터 전쟁을 좋아했다고 얘기되곤 한다. 상대에 대한 질투가 심하고 경쟁 심리도 강하다. 공동체보다는 자신을 먼저 생각하는 마음이 본성 어딘가에 자리를 잡고 있다.

이러한 인간의 악한 본성에 대해 긍정한다면 "인류의 보편적 발전을 위한 생각보다는 인류를 갉아먹는 방향으로의 생각이 문명 발전에 더 도움 되는 것 아닐까?"와 같은 의구심이 들 것 같다.

하지만 이는 틀린 생각이다. 아니, 틀린 생각이 됐다. 수천 년 동안 인류는 전쟁을 치렀고, 그만큼 많은 희생도 겪었다. 그러면서 인류가 배운 게 있다면 바로 전쟁은 득보다는 실이 많다는 사실 아닐까? 근거 없는 낙관적 생각이라고 치부할지도 모르지만, 나는 그렇게 믿는다.

역사를 바라보면 우리 현대가 19세기나 20세기 초반에 비해 확실히 전쟁의 빈도수가 확 줄어들었다는 것을 알 수 있다. 미래에는 더더욱 그럴 것이다. 국제 사회는 전쟁보다는 외교를 통한 협상으로 나라 간의 문제를 해결하기 위해 노력한다. 아직 완전히 그런 분위기가 정착된 것은 아니지만, 시간이 더 지나면 인류에게 진정한 평화라는 선물이 올 것이라고 믿는다. 자신의 뜻을 이루기 위해 상대와 주변을 짓누르기보다는 합리적으로 거래하며 상호 이득을 취하는 게 더 마음도 편하고 몸도 편하다는 것을 깨달았기 때문이다. 그런 만큼, 이제 전쟁 기술을 통한 과학과 문명의 발전은 점점 한계에 다다를 것이다.

전쟁을 염두에 둔 새로운 무기 개발이 국제 사회에서 지탄을 받아 중단된 적도 있다. 미국이 레이저건의 초기 개발을 완료했을 당시, UN에서 이를 규제해 더 이상의 개발은 중지됐다고 한다. 살육과 질투를 위한 전쟁이 그친다면 인류의 창조력은 진정성 있는 창조를 향해 귀결될 것이다. '남을 죽이고 내가 살아남아 적의 것을 탐하는' 수준에 그쳐 있던 인류가 '더 함께 잘 살면서 오히려 함께 질병이나 재난 등의 문제를 공동으로 해결하는, 진정성으로 나아가는 것. 이것이 바로 우리가 살고 있는 이 시대 축복받은 자유민주주의의 선물이 아닌가 생각해 본다.

대박을 향한 워밍업!

해결해 보고 싶은 사회 문제에 대해 생각해 보자. 즐거움, 유머, 발랄함, 감동 등을 창조라는 방법으로 그 문제들을 해결할 수 있도록 생각해 보자.

5장
시대의
흐름을
읽어라

더 면밀히 주변을 돌아보고 시대를 읽도록 노력해 보자.
과거의 것은 현재에 맞게 변형되고 발전된 형태여야 유용하고 가치롭다.

뉴턴에서 아인슈타인으로, 또 호킹으로

아이작 뉴턴의 가장 유명한 물리 공식으로 F=ma가 있다. 여기서 F는 힘(force), m은 질량(mass), a는 가속도(acceleration)를 뜻한다. 학교에서는 아마 가속도의 법칙이라고 배웠을 것이다. 이 법칙은 우리 같이 평범한 환경 안에서 살아가는 사람들에게는 딱 들어맞는다. 그래서 산업혁명 시대까지도 인류는 이 공식을 활용해 과학 기술을 발전시켰다. 이 시대에 가장 절대적인 믿음이 됐던 과학 이론으로는 에너지 보존의 법칙과 질량 보존의 법칙을 꼽을 수 있다.

하지만 기술이 발전하면서 뉴턴의 공식이 안 맞는 경우도 있다는 것이 드러나기 시작했다. 주로 우주적 환경의 경우다. 시대에게는 새로운 패러다임이 필요했다. 이때 등장한 것이 아인슈타인의 상대성이론이다. 그의 이론에 따르면 질량과 에너지는 보존되지 않는다. 물론 아주 특수한 상황에서의 일이기 때문에 우리 주변에서 이런 일은 일어나지 않는다. $E=mc^2$ 이라는, 질량과 에너지 사이의 관계를 드러낸 공식이 여기서 나온다.

여기서 더 나아가면 스티븐 호킹을 만날 수 있다. 아인슈타인 세계에서의 여러 한계들, 즉 보통 사람과는 전혀 상관이 없지만 범우주적 차원에서는 해결이 어려운 문제들이 호킹의 이론을 통해 극복됐다 하니 대단한 일이다.

이렇듯 시대의 발전과 잘 맞는 과학이 있다. 과학마저 절대적인 것은 아니라는 말이다. 갈릴레오가 지동설을 주장하기 전까지 우리 인류는 지구가 우주의 중심이라고 믿고 있지 않았던가.

절대적 진리라고 흔히들 믿는 과학마저 이러한데, 다른 건 또 어떻겠는가? 주변을 돌아보자. 또 무언가 변하고 있을지 도통 정신을 차리지 않으면 알 수 없다. 진리 혹은 진실은 명백히 존재한다. 하지만 A라는 사람이 믿는 진실과 B가 믿는 진실은 명백히 다를 수 있다.

이런 경우에 대해 『보이지 않는 고릴라』라는 책에 흥미로운 사례들이 많이 소개되어 있다. 그중 가장 유명한 실험의 이름은 책 이름과 똑같은 '보이지 않는 고릴라'이다. 정말로 흥미진진하다.

대략 아래와 같은 것이다.

　농구 동영상을 보여 주면서 "C라는 선수가 몇 번이나 드리블을 하나?"라는 질문을 한다. 그럼 질문을 받은 사람은 열심히 드리블 숫자를 세기 시작한다. 그런데 동영상 속에서 한 고릴라 옷을 입은 사람이 농구 코트를 거슬러 지나간다.

　실험이 끝나고 나서 고릴라를 봤느냐고 물으면 50퍼센트 가까이가 "고릴라는 보지 못했다."고 대답한다. 어떤 사람은 "고릴라가 지나갔었다."라는 말에 화를 내기까지 하더라는 것이다.

　이렇듯 어떤 사람이 개인적으로 믿는 것은 사실 전혀 아닐 수가 있다. 위 경우 고릴라를 본 사람과 보지 못한 사람은 서로 격렬히 토론을 벌일 것이다. 결국 증거인 동영상을 다시 봐야만 둘은 합의에 이를 것이다.

　이렇듯 진실 혹은 사실은 검증을 거쳐야만 인정받을 수 있다. 그러니 그전까지는 자신이 믿는 것에 대해서 끝없이 의심하고 돌아봐야 한다. 여기에 대해 동의했다면 이제 시대를 읽는 눈이 생기기 직전 단계까지 온 것이다.

　'과연 지금 내가 보고 있는 시대상이 맞는가?'를 고민하고, 스스로에게 질문해야 한다. 그리고 이러한 의심이 들기 시작했다면 조금 더 면밀히 주변을 돌아보고 시대를 읽도록 노력해 보자. 신문이나 방송도 챙겨 보고 인터넷 여론도 살펴보고 주변 지인들에게도 이것저것 묻다 보면 점점 더 시야가 넓어질 것이다. 마치 근육 운동을 하면 근육이 더 강해지듯, 이런 연습을 통해 시대를 읽는 힘이 조금씩 더 강해질 것이다. 그리고 이 힘이 강해지면 새로운 아이디어도 쉽게 얻을 수 있다.

스마트폰 보유자가 급격히 증가하면서 눈에 띈 현상 중 하나는 커피숍마다 전기 콘센트 전쟁이 일어난다는 것이다. 콘센트가 없으면 발길을 돌리는 사람들도 있다.

이처럼 많은 사람들이 충전기를 직접 갖고 다닌다. 통화 용도로도 충분했던 과거 휴대폰에 비해 스마트폰의 기능이 너무나 뛰어난 까닭이다. 이제 전화기로 게임도 하고 인터넷 서핑도 하고 영화도 보는 시대가 됐다. 밤새 충전해서 들고 나온 에너지만으로는 충분하지 못하다.

보통은 여기에 대한 해결 의지조차 없는 것이 현실이다. 조금이라도 시대를 읽고 불편을 알아챈 사람이라면 이제 해결책을 강구할 것이다.

2011년 말에 어느 인터넷 커뮤니티에서 발표한 '2012년 기대되는 신제품 아이디어 20'을 보면 스마트폰 충전기 관련한 것이 세 가지나 된다. 오로지 충전에만 비중이 15퍼센트나 되는 것이다. 현재의 시대상을 여실히 보여 준다. 세 가지 아이디어를 살펴보면 하나는 얇아서 들고 다니기 편한 충전기이고 나머지 둘은 태양열 관련 아이디어다. 아직 주변에서 이런 기능을 가진 제품을 발견하기는 어렵지만 곧 볼 수 있을 것이라고 나는 보고 있다. 해외 사례를 살펴보면 차량용으로 시판된 것이 이미 있기도 하다.

시대를 읽는 힘이 없다면 시대에 휘말려서 떠다니기 십상이다. 이제 시대를 잘 읽고 새로운 시장을 만들어 낼 정도로 파급력이 있었던 몇 가지 사례를 다음 페이지에서 살펴보자.

대박을 향한 워밍업!

현대로 접어들수록 사용 비중이 높아지는 것이 하나 더 있다. 바로 안경이다. 실상 안경은 꽤 불편한 물건이다. 여름에는 답답하고 겨울에는 성에가 낀다. 코를 짓눌러서 얼굴이 미워지는 일도 있다. 왜 더 편리한 안경에 대한 아이디어는 없을까?

소비자에게
눈을 돌려라

캐나다에서 시작된 태양의 서커스단은 본래 지역의 B급 서커스단이었다고 한다. 이들은 1984년에 퀘벡 주 몬트리올에서 단원 10명으로 시작했다. 1980년대 서커스는 캐나다에서도 사양산업이었기 때문에 한국의 실정으로 바꾸어 생각하면 유랑 극단이나 다름없었다. 도시 생활, 레저, 스포츠 이벤트, 홈 엔터테인먼트 등의 발달로 인해 고객들을 계속 다른 시장에 빼앗겼던 것이다. 아이들은 서커스를 보기보다는 집에서 할 수 있는 게임을 원했다. 게다가 동물 보호 주의자들의 반대로 서커스에 쓸 동물을 구하기도 점점 어려워졌다.

이런 가운데 태양의 서커스가 시작됐다. 그리고 10여 년 뒤에 세계 90여 개 도시에서 약 4,000만 명이 넘게 관람한 세계적인 서커스단이 됐다.

어떻게 이렇게 엄청난 성공을 거둘 수 있었을까? 바로 시대의 변화를 읽는 힘에 그 기초가 있다. 동물 묘기나 스타 곡예사의 쇼처럼 비용은 많이 들고 효과는 그럭저럭한 공연의 비중을 확 줄였다. 대신 독특하고 세련된 공연장을 꾸미고 스토리가 있는 다양한 작품과 수준 높은 예술성을 내세웠다. 새로운 공연 방식을 원하던 관객들은 호평했다. 웬만한 연극보다 지루하지 않고, 기존의 서커스보다 고급스러운 새로운 공연이었다. 즉흥적이면서도 재미있고, 나름의 예술성도 갖췄다는 점에서 강력한 마케팅 파워가 생겼다. 가격도 적당히 높아서 관객들에겐 약간의 허영심도 채워 주는 효과 아닌 효과도 있었다고 한다.

국내에도 비슷한 예가 있다. 송승환 씨가 기획한 「난타」다. 국내 여행 상품 패키지로 빠지지 않을 정도가 된 이 공연도 어찌 보면 태양의 서커스와 비슷한 이유로 성공했다고 볼 수 있다.

과거에만 해도 와인 시장과 맥주, 칵테일 시장은 거의 분리되어 있었다. 맥주, 칵테일 애호가들에게 와인은 너무 어려운 술이었다. 탄닌의 함량을 따지고 몇 년도 산인지를 일일이 외운다는 것이 보통 일이 아니기 때문이다.

이런 이유 때문에 와인 시장은 규모가 계속 줄어들고 있었다.

바쁜 현대인들에게는 여유 있게 와인을 음미하고 즐기는 것보다는 맥주 한 잔을 시원하게 들이키는 일이 더 좋았던 것이다.

이런 가운데 카셀라와인즈라는 회사가 등장한다. 이 회사의 성공 비결 중 가장 큰 특징은 와인 시장 내에서 경쟁사들끼리 경쟁하지 않고, 와인 시장 자체를 키웠다는 점이다. 브랜드 옐로테일은 단순하고 달콤한 과일 향의 와인 맛을 낸다. 복잡한 설명은 줄이고 기존 고객들 사이에서 가장 인기 있는 맛으로 승부한 것이다. 와인 판매자들에게도 옐로테일은 추천할 만한 브랜드가 됐다. 복잡한 설명보다도 "많은 분들이 정말 좋아하는 와인입니다."라는 말 한 마디가 더 설득력이 컸다. 부가적으로 제조 과정에서의 비용과 재고 관리 비용 등도 획기적으로 줄었다.

카셀라와인즈 역시 시대의 변화를 잘 읽어 냈기 때문에 성공한 것으로 보인다. 알코올 소비자들의 소비 트렌드 변화를 명확히 읽지 못했다면 애초에 사업 기획 자체를 못 했을 것이다.

대박을 향한 워밍업!

태양의 서커스 이후로 비슷한 공연이 유행처럼 수없이 쏟아져 나왔다. 평론가들은 이것을 '논버벌 퍼포먼스'라고 불렀다. 새로운 장르가 탄생한 것이다. 새로운 것을 개척해야 선구자로 불릴 수 있다. 혹시 유통 사업을 하고 싶은가? 1990년대 후반에 새로운 유통 혁신이 있었다. 바로 인터넷 쇼핑몰이다. 하지만 15년 만에 이 시장은 포화 상태가 됐다. 새로운 유통 혁신 방법은 없을까? 고민해 보자.

상온재생아스콘
리바콘

내가 가진 특허 중 2014년 봄 현재 가장 큰 호응을 받고 있는 것은 리바콘이라는 발명품이다. 리바콘이란 폐아스콘에 혼화제(콘믹스), 유화 아스팔트, 시멘트 등을 첨가해 만든 도로포장용 자재다. 기존에 사용하던 아스콘보다 비용이 30~40퍼센트 저렴해서 특허가 나자마자 큰 관심을 받았다. 가격도 가격이지만 나는 리바콘의 장점으로 세 가지를 꼽는다.

첫째, 기존에 매립하던 건설폐기물을 재활용할 수 있을 뿐 아니라, 상온에서 생산하므로 이산화탄소를 거의 발생시키지 않는다. 둘째, 폐아스콘을 100퍼센트 재활용하여 환경오염을 원천적으로 방지할 수 있다. 셋째, 안정도가 매우 우수하고 내구성이 뛰어나다. 국내에서는 1990년대 말 ㈜서원이 처음 개발을 시도했지만 실패했다고 한다.

물론 처음엔 우려의 목소리도 있었다. 리바콘을 사용하면 균열과 파손이 많이 발생하고, 순환 재생이 불가능해 장기적으론 환경오염을 가중시킨다는 주장이다. 새로운 기술이 나오면 항상 이런 우려가 나오는 것 같다.

하지만 실제로 저런 일은 없었다. 오히려 안정도가 매우 뛰어나 소성변형 문제가 적은 것으로 드러났다. 제조할 때 가열하지 않으므로 혼합 관련 장비가 단순하고 공정이 단순하다는 장점도 있다. 2013년 12월까지 천안, 평택, 고성, 영광 등 전국 각지의 도로에 리바콘이 기층재로 사용됐다. 그리고 그 탁월성이 입증된 만큼 앞으로도 리바콘 사용 빈도는 계속 늘어날 것으로 보인다.

덕분에 대통령 표창도 받았다. 2011년 8월이었다. 〈제12회 중소기업 기술 혁신 대전〉에서 기술 혁신 유공자로 선정된 것이다. 아울러 다음 해인 2012년에도 리바콘은 당당히 인정받았다. 리바콘을 사용해 환경도 아끼고 예산도 절감한 실적으로 영광 군 공무원이 대통령 산업포장을 받은 것이다. 서울 코엑스에서 열렸던 〈대한민국 저탄소 녹색 성장 박람회〉에서의 일이다.

내가 리바콘에 갖는 긍지는 꽤 대단하고 중요한 것이다. 그래서 사실 리바콘 얘기만 계속 하고 싶을 정도다. 위에서 살짝 언급한 장점들을 더 자세히 설명하고도 싶고, 현재 전국에 리바콘을 사용한 곳이 어디인지를 몽땅 설명하고 싶기도 하다. 하지만 이 책을 쓰기로 한 의도에서 어긋나는 것 같아서 개인적인 아쉬움을 뒤로 하고, 관련된 이야기를 이만 줄이겠다. 어쨌든 리바콘은 내 사업이 크게 성장할 수 있도록 도운 제품이다.

리바콘은 왜 이렇게 시장에서 인기가 많을까? 바로 시대의 흐름에 맞는 창조라는 이유 때문이다. 원래 산업이 한창 발전할 시기에는 환경오염이 극심할 수밖에 없다. 온갖 공해와 오염이 자연과 문화를 파괴하는 일은 당연하다. 18세기 후반 영국도 그랬고, 20세기 중후반 한국도 그랬다.

그러나 산업의 발전이 어느 정도 정점에 올라서 당장 먹고 사는 문제가 어느 정도 해결되면 사람들은 다시 여유를 찾는다. 잊고 있던 문화생활도 다시 시작하고, 환경호르몬이나 유기농 제품 등에도 관심을 갖게 되는 것이다.

한국 사람들도 1990년대 이후 환경에 관심을 갖기 시작했다. 시대의 흐름상 거의 쓸모없던 폐아스콘을 재활용하는 리바콘이 선풍적인 인기를 끌 수밖에 없었다.

이렇듯 창조는 시대로부터 흐름에 맞아야 한다. 지나치게 앞선 선구자는 시대로부터 거부감을 사지만 과거에 연연해서도 나은 결과를 보기는 힘들다.

신문에서 본 재미있는 아이디어 하나를 더 소개해 보겠다. 최근 신혼부부들이 선호하는 벽지는 패턴 벽지다. 과거처럼 일목요연하고 우중충한 벽지가 아닌, 세련되고 아름다운 벽지를 다들 선호하기 시작한 것이다. 하지만 도배가 쉬운 일은 아니어서 한 번 벽지를 바르면 대부분은 그냥 살게 마련이다.

여기서 아이디어를 얻은 패턴 그리기 페인트 롤러라는 신제품이 있다. 롤러에 무늬가 박혀 있어서 잉크를 바른 후 벽지에 대고 잘 돌리면 밋밋했던 벽지에 패턴이 생기는 형식이다. 우중충했던 벽지가 저렴하게 세련되게 바뀌는 것은 기본이고 재미있다는 장점도 있다.

대박을 향한 워밍업!

사실 위에서 언급한 롤러가 실용적이지는 않다. 잉크가 균일하게 발릴 것인가도 문제지만, 계속 일정한 간격으로 롤러를 돌린다는 건 초보자에겐 거의 불가능에 가깝다. 하지만 포기하지 않는 것이 발명가의 자세다. 롤러 아이디어를 발전시켜 보자. 집안 인테리어를 멋지게 할 획기적인 방법이 나올지도 모른다.

워크맨을
놓친 회사들

지금이야 스마트폰이나 그 외 여러 수단으로 길을 걸으며 음악을 듣는 게 새삼스러울 것도 없지만, 40여 년 전인 1970년대만 해도 그런 생활은 꿈꾸지 못했다. 당시에 음악을 듣는 수단은 LP가 유일했기 때문이다. 1960년대 초반에 필립스에서 카세트 테이프라는 새로운 음악 저장 장치를 들고 나왔지만, 음악을 감상한다는 면에서는 음질이 LP에 비해 현저히 떨어져 외면받았다.

하지만 카세트 테이프는 휴대하기 편리하다는 장점과 음질을 고려하지 않을 경우 활용도가 넓다는 장점이 있었다. 사람들은 카세트 테이프로 다른 사람의 목소리를 녹음해 자료로 활용했다. 여기에서 카세트 테이프의 주된 목적은 듣는 것보다 녹음하는 것이었다. 그래서 녹음한 내용을 확인하려면 외부 스피커를 본체에 기본으로 갖추고 있어야 했다. 그러다보니 자연스레 기계의 덩치가 커질 수밖에 없었다.

그런데 1979년에 모리타 아키오 소니 창업자가 워크맨이라는 것을 발명해 세상을 깜짝 놀래켰다. 워크맨은 이전에 나왔던 카세트 테이프 기기들과 달랐다. 녹음 기능이 아예 없는 재생 전용 기기였기 때문이다. 게다가 내장 스피커 대신 헤드폰을 사용해 소리를 들어야 했다. 그러니 그만큼 제품의 크기가 확연하게 줄어들 수 있었다. 뿐만 아니라 워크맨의 목적을 녹음이 아닌 재생에 집중한 결과, 당시의 소형 기기로서는 생각할 수 없었던 고음질의 스테레오 음향도 구현하게 됐다.

그런데 이 워크맨의 전신이 되는 기계를 발명한 사람이 따로 있다는 소식을 뉴스를 통해 접했다. 「뉴욕 타임스」에서 관련된 내용을 다루었기에 자세히 찾아보니 이런 이야기가 숨어 있었다.

소니가 워크맨을 출시하기 7년 전인 1972년, 독일계 브라질인 발명가 안드레아스 파벨이 소니의 워크맨과 유사한 휴대용 카세트 테이프 재생기를 발명했던 것이다. 심지어 그는 각국에 특허를 신청한 바가 있었다. 그 뒤 구룬딕, 필립스, 야마하 등 세계 굴지의 회사들을 돌아다니며 이 아이디어를 팔기 위해 애썼지만 돌아오는 것은 외면과 비웃음뿐이었다고 한다. 헤드폰을 끼고 음악을 들을 만큼의 열성적인 사람들이 그렇게 많지 않아 시장이 없을 것이라는 기업들의 오판 때문이었다.

결국 파벨은 1977년에 자신의 아이디어를 '스테레오 벨트'란 이름으로 특허 등록했다. 소니와의 전쟁은 2년 후부터 시작됐다. 소니가 워크맨을 시장에 출시하고 폭발적 반응을 얻자 파벨이 자신의 특허가 침해됐다고 소송을 시작한 것이다. 긴 싸움 끝에 2003년이 되어서야 파벨은 온전한 권리를 보장받을 수 있었다.

만약 파벨의 제안을 먼저 들었던 다른 회사들이 그의 아이디어를 받아들였다면 어떻게 됐을까? 안드레아스 파벨과 어느 기업이 합작해서 기계를 만들어 냈다면, 과연 소니는 전 세계인의 생활에 혁신적인 변화를 가져온 기업으로서 지금처럼 존재할 수 있었을까? 시대의 흐름을 만들어 낸다는 것이 얼마나 중요한지를 여러분이 이 이야기를 통해 깨달았기를 바란다.

대박을 향한 워밍업!

사람들은 이제 어떻게 음악을 듣고 싶어할까? LP에서 카세트 테이프로, CD로, mp3로 음악을 감상하는 매체와 기기가 변해 왔다. 그리고 한동안 정체되었다. 그 다음 시장은 여러분이 만들어 보면 어떨까?

리바이스의
위기와 기회

 청바지를 최초로 만들었다고 알려진 사람은 레비스트라우스다. 그리고 그가 세운 회사의 정식 명칭은 리바이스트라우스 & 컴퍼니이다. 1853년 리바이스트라우스가 창립했고, 이제는 줄여서 리바이스라고 불리고 있다.

 독일 바바리아 지방의 가난한 유대인 가정에서 태어난 그는 1847년에 미국으로 건너왔다. 유대계 차별과 가난에서 벗어나고 싶었던 그는 미국에서 포목업을 시작했고, 이를 통해 골드러시에 참여하게 됐다. 찰리 채플린의 영화 「황금광 시대」가 바로 그 시대를 다루고 있다.

 레비스트라우스는 당시에 금광 채집 현장에 쓰이는 천막의 천을 생산하고 있었다. 그리고 대형 천막 10만여 개 분량의 천막 천을 납품할 수 있도록 주선하겠다는 군납 알선 업자의 제의에 따라 3개월 만에 전량을 만들어 냈다. 그런데 예상했던 납품 계약이 일방적으로 파기됐다.

제작해 놓은 천들은 그대로 폐기될 위기에 처했고, 그는 빚더미에 앉게 될 상황이었다. 어떻게든 그 천을 다른 형태로 판매해서 수익을 내야 했다. 고민 끝에 지혜를 발휘했다. 현장의 노동자들이 입고 있던 작업복에서 힌트를 얻은 것이다.

레비스트라우스는 자신이 만든 천으로 일꾼들의 옷을 지었다. 결국 튼튼한 천막천으로 바지를 만들어 팔기 시작했고, 이것은 노동자들 뿐만 아니라 일반인들에게도 엄청난 인기를 끌었다. 잘 찢어지지 않고 튼튼하다는 것이 인기의 이유였다. 이것이 전세계 유행을 선도하는 청바지의 시작이었다.

그러나 리바이스 브랜드는 1998년부터 몰락하기 시작했다. 유행을 따라오지 못하면 그 누구든 무자비하게 시장에서 추방당할 수 있다는 것을 보여 준 극적인 사례가 바로 이 리바이스의 경우일 것이다.

캐나다의 저널리스트 나오미 클라인은 그의 저서 『슈퍼 브랜드의 불편한 진실』에서 이렇게 진단한다.

리바이스는 디즈니처럼 대형 매장도 없었고, 갭처럼 광고가 멋지지도 않았고, 힙피거처럼 힙합족의 신용을 얻지도 못했다. 나이키 문신처럼 리바이스 로고를 배꼽에 새기려는 사람도 없었다. 한마디로 리바이스는 멋지지 않았다. 브랜드 개발자 선디가 진단한 것처럼 리바이스는 '헐렁한 청바지가 한때 유행이 아니라 패러다임 변화'라는 것을 이해하지 못했다.

그렇다고 해서 리바이스라는 브랜드가 시장에서 쫓겨난 것은 아니다. 하지만 예전에 비해 브랜드 가치가 현저히 떨어졌다는 사실에는 다들 동의할 것이다. 시대의 변화는 이처럼 차갑다. 따라가지 못하면 아예 사라져 버릴 수도 있는 사회의 흐름은 가끔 숨이 막힌다. 하지만 리바이스가 패션의 역사에 한 획을 그었던 것처럼 새로이 사람들의 일상에 침투하기를 바란다.

 **대박을 향한 워밍업!**

청바지 천 말고도 찢어지지 않는 소재는 많다. 그런데 왜 청바지는 영원할 것처럼 보이는 인기를 구가하고 있는 것일까? 여기에 대해 곰곰이 생각해 보는 것도 심리학, 마케팅 이론 등과 관련하여 영감을 줄 것이다.

기회를
잡는 법

인생에 기회가 딱 세 번 찾아온다는 말을 20대에 처음 들어 보았다. 어찌나 막막했는지 모른다. 단 세 번뿐이라니. 대체 그 수를 누가 정했단 말인가, 하는 의심해 볼 겨를도 없이 한 번 한 번 실패할 때마다 내가 기회를 놓친 것은 아닌가 걱정했다.

전전긍긍하던 젊은 나날들을 지나 이제 자신있게 말하건대, 삶에는 기회가 생각보다 더 많이 찾아온다. 이를 잡아내는 재주도 결국은 흐름을 읽는 눈에 있다. 가끔 진심으로 남들에게 이렇게 말한다.

"나는 무척 운이 좋았어요."

그러자 한 지인이 이런 답을 보냈다.

"운이란 게 찾아왔을 때 노력하고 있던 사람에게는 보상이 있지만, 놀고 있던 사람에겐 아무 일도 생기지 않지요."

맞는 말이다. 우리의 인생은 충분히 길다. 운이 올 때도 있고, 안 올 때도 있다. 이건 누구나 마찬가지다. 나라고 한없이 운이 좋은 건 아니고, 다른 사람이라고 한없이 운이 안 찾아오는 게 아니라는 것이다. 우화 하나를 들어 보자.

한 목자가 있었다. 그는 평생을 신에게 기도하여 신의 목소리를 듣기 위해 기다렸다. 매일 아침 5시부터 하루에 10시간 이상 그는 기도만 했다. 그의 노력에 감탄한 신이 결국 그에게 모습을 드러냈다. 그리고 열심히 기도하고 있던 그의 뒤에서 그의 어깨에 손을 올려놓았다.

"아들아, 내가 왔다."

그러자 이 목자가 고개를 홱 돌리고선 말했다.

"당신 누구요? 왜 내 기도를 방해하는 거요. 당장 꺼지시오."

신은 가만히 눈을 감곤 결국 스르르 사라졌다.

이 이야기는 내게 깊은 인상을 주었다. 아울러 운도 마찬가지라는 생각이 들었다. 막상 찾아온 운을 허망하게 놓치지는 말아야겠다는 깨달음을 얻은 것이다. 그러니 운이 찾아왔을 때 그것을 잡아내고 실력을 키워야 한다. 평소에 실력을 키워두지 않으면 찾아온 운을 그냥 놓치기 십상이다.

인생에 세 번의 기회가 온다는 말은 거짓말이다. 훨씬 많은 기회가 여러분 앞을 스쳐 지나간다. 그것을 볼 줄 모르니 세 번뿐이라고 착각하는 것이다. 혹시 인생의 수많은 기회를 놓치고선 "내겐 기회가 없었어."라고 불평불만만 늘어놓고 있진 않은지 돌아보자.

대박을 향한 워밍업!

자신이 원하는 것과 원하지 않는 것을 정확히 알도록 하자. 이러한 분석을 통해 자신이 진정 필요로 하는 것을 찾을 수 있다. 일단 그것을 찾아내면 그 다음에는 문제를 해결하도록 노력을 하면 된다.

한동알앤씨그룹
이야기

내가 가진 지적 재산권은 2014년 1월을 기준으로 특허 등록이 107건, 상표 36건, 디자인 15건, 실용신안 7건이다. 건설폐기물 중간처리업을 시작하면서 '어떻게 하면 좀 더 많이 재활용을 할 수 있을까?' '비용을 최대한 줄이면서도 사회에 기여하는 방법이 무엇이 있을까?'라고 계속 고민한 결과물이자 내 나름의 답이기도 하다.

한동알앤씨로 시작한 내 사업은 2014년 1월까지 10개 법인으로 뻗어 있다. 모기업인 ㈜한동알앤씨가 있고 ㈜한동아스콘, 한국신기술산업㈜, 청정산업㈜, 에스씨종합건설㈜, 한동산업개발㈜, ㈜굿뉴스라이프, 울릉우리술㈜, ㈜한동이노비즈, 경상내일신문

등이다. 여기에 해외 건설업을 담당하는 아부다비 지사까지 포함하면 11개가 된다. 이렇게 일궈 온 한동알앤씨그룹의 비전을 나는 이렇게 말한다.

"성장 일변도 경제 정책의 소산물로 빚어진 무분별한 폐기물을 우수한 기술력과 탁월한 공법으로 리사이클링합시다. 그래서 천연자원에 버금가는 순환골재로 생산하고, 국내는 물론 세계적인 순환자원 업체로 거듭나고자 합니다. 더불어 전세계적으로 성장 가능성이 날로 높아지고 있는 전 건설 및 환경 산업 부문으로 사업 영역을 다각화하는 겁니다. 명실공히 친환경 산업 그룹으로 도약하고자 하는 꿈과 비전을 갖고 있습니다."

돌이켜 보면 새로운 사업을 계획할 때마다 항상 시대의 흐름을 보고자 노력했던 것같다. 여기에 역행하는 사업이라면 과감히 내치고, 흐름에 편승하는 사업이라면 더욱 아이디어를 짜내어 사업을 키우고자 노력했다는 말이다.

그런 점에서 이제는 많은 기업들이 사회 공헌 사업에 눈을 돌려야 한다고 제안해 본다.

시간이 흐를수록 사회 공헌은 기업이 피할 수 없는 의무가 되고 있다. 사실 기업의 가장 큰 사회 공헌은 바로 고용이다. 사람들에게 일자리를 제공하고 거기에 맞는 보상을 하는 것. 이것만큼 기업의 숭고한 의무가 어디 있겠는가?

그런 점에서 기업은 태생부터 사회에 기여를 하게 되어 있다. 기업도 사회의 일원이니 거대한 경제 순환 고리에서 벗어날 수는 없는 것이다. 하지만 반론도 있다. 어찌 보면 취업에 성공한 사람만이 누릴 수 있는 것처럼 보인다는 것이다. 그러나 장기적인 관점에서 결국 돈은 돌고 돌아서 모든 사람에게 혜택이 돌아가는 게 맞다. 하지만 그게 전부가 아닌 세상이 됐다. 소비자들은 좀 더 단기적인 관점에서도 기업의 사회 기여를 보고 싶어 하게 됐다.

전국경제인연합에서 2009년에 발간한 『사회 공헌백서』를 보면 '전략적 사회 공헌 활동은 기업이 사회 공헌 활동을 수행할 때 기업 역량과 사회적 니즈를 효과적으로 통합해 가장 큰 성과를 낼 수 있는 분야를 발굴하는 등, 일상적 경영 활동과 같은 맥락에서 펼쳐야 한다는 취지로 도입된 개념'이라고 한다. 말이 좀 어려운데 결론적으론 기업도 사회의 구성원으로서 사회에 꾸준히 그 기업만의 방식으로 기여하는 게 좋겠다는 뜻이다. 사업가의 눈으로 보자면 그런 기여를 통해 기업은 호감도를 높일 수 있어서 결국 시장에서도 경쟁력을 갖게 된다. 하지만 사회의 구성원의 입장에서 이야기하자면 기업이 단순히 돈을 버는 행위에서 그칠 게 아니라, 힘이 있는 집단으로서 '인류 사회의 지속과 발전에 더 열심히 기여하자'는 마음도 담겨 있다.

현대 소비자들은 약간의 희생을 할 각오가 되어 있다. 가격이 좀 높더라도 기꺼이 이를 지불하고 사회에 공헌하는 기업의 제품을 구애한다. 이런 분위기가 자리 잡을 수 있게 된 건 경제가 성장한 덕분이다. 당장 배를 곯는 사람에게 약간의 희생을 강요할 순 없지만 그 정도가 아니라면 가능한 일이다. 상생이 중요하다는 걸 많은 사람들이 알고 있다는 뜻이니, 기업이 앞장서야 한다고 생각한다.

우리나라에서 사회적 기업에 대해 본격적으로 연구하기 시작한 것은 1994년부터라고 한다. 실제로 가장 오랫동안 이어진 사회 공헌 프로그램은 유한킴벌리의 '우리 강산 푸르게 푸르게' 캠페인이라고 한다. 1984년부터 시작됐으니 그 들인 시간과 정성이 대단하다.

기업이 사회 공헌 프로그램을 고민할 때, 가장 적극적으로 검토해야 하는 것 중 하나는 바로 '기업의 주력 사업과 추진하려는 프로그램이 서로 어울리는가?'이다.

이를 테면 자동차 회사가 '이산화탄소 감축 캠페인'을 벌이는 건 무척 효과적일 것이다. 인천공항공사는 꾸준히 '지역 학교 특성화 사업 담당자 해외 봉사' 활동을 벌이고 있다. 세계를 다니는 관문인 공항이라는 성격상 적절해 보인다. 인천도시가스는 '사랑의 연탄 나눔' 운동을, 한 대형 호텔은 매월 하루 호텔 주방장들이 직접 나서 저소득층을 대상으로 무료 급식을 하고 있다.

그런데 건설 회사가 '공정 무역 커피 마시기 운동'을 하는 건 상황에 따라선 얘기가 달라지긴 하지만 상식적으론 엉뚱한 경우겠다. 국내의 한 석유 화학 회사가 중국 지역에 거주하는 어르신 및 빈곤 학생을 돕는 프로그램을 하고 있다는데 이것도 마찬가지로 큰 관계는 없어 보인다.

위에서 예로 든 것과 같은 직접적인 사회 공헌 사례도 있지만 간접적인 사례도 많다. 소비자의 감성에 호소하는 것이다.

한 와인 애호가의 얘기를 들은 적이 있다. 비슷한 가격에 비슷한 맛을 내는 두 가지 와인을 놓고 '무엇을 살까?' 고민하던 차였다. 두 종류의 와인 병을 들고 제조일자와 생산지 등을 보며 꼼꼼하게 따지던 중 그의 눈에 든 문구가 결정적인 역할을 했다. 충동구매보다 합리적이고 전문적인 이성이 따르는 와인 구매. 여기에 결정적인 감성을 건드렸던 것은 과연 무엇일까? 그 문구는 대략 이렇게 적혀 있었다고 한다. 들은 바를 책에 옮기는 과정에서 약간의 변형이 생겼지만, 아래와 같다.

이 와인은 어디어디에서 누구누구 형제가 만들었습니다. 와인을 만들어 큰돈을 벌지는 못하지만, 형제는 수익의 1퍼센트를 사회에 기부하고 있습니다. 형제의 와인을 즐기는 분들에 대한 예의라고 생각하기 때문입니다.

그래서 그 와인 애호가는 주저 않고 이 '사연'이 담긴 와인을 골랐다고 한다. 그가 강조한 것은 스토리텔링의 힘이다. 그리고 그 속에는 '진정성'이 담겨야 한다. 거짓 사연은 감동을 주지도 못하고, 그 생명 역시 짧다.

참고로 나는 2014년 현재 환경복지연대 공동 대표와 한민족 독도사관 총재를 맡았다. 단지 사업만을 위해서였다면 이런 직함을 갖지는 않았을 것이다. 개인적인 신념, 즉 기업은 사회에 공헌해야 함께 살아갈 수 있다는 것을 실천하기 위한 작은 실천 정도로 해석해 주시면 좋을 것 같다. 아래에 자작시인 「독도 아리랑」을 게재한다.

독도 아리랑

동해는 해를 품어 넘실대는 황금너울
그날의 우산국이 지금의 독도여라
그리운 님 만나려나 뱃머리도 춤을 춘다

독도야! 삼봉도야! 내 사랑 가지도야!
독도야! 삼봉도야! 내 사랑 가지도야!
해와 달 너를 비추니 천년만년 살고 지고

세월은 너를 품어 뉘라서 탐할 건가

그날의 우산국이 지금의 독도여라

이사부 호령 소리에 갈매기도 숨죽인다

독도야! 삼봉도야! 내 사랑 가지도야!

독도야! 삼봉도야! 내 사랑 가지도야!

삼천리 백두대간에 천년만년 살고 지고

대박을 향한 워밍업!

사회 공헌은 언제 하는 게 좋을까? 대부분은 좀 먹고살 만해지면 사회에 환원하겠다고 말한다. 그들의 사정은 충분히 이해하지만 조금 다르게 생각하면 좋겠다. 사회에 공헌하는 방법이 꼭 기부만은 아니기 때문이다.

할 수 있는 것부터 시작하자. 지금 당장 말이다! 습관이 들어야 나중에 더욱 훌륭한 사회 공헌을 고민할 수 있다. 다른 이유도 있다. 그렇게 활동하다 보면 인맥도 꽤 쌓인다. 그리고 이 인맥이라는 게, 생각하는 것 이상으로 삶에 큰 도움이 될 때가 많다.

나무 수천만 그루를
보호한 발명

한국입체조경 서건희 회장은 지구의 폐라 불릴 만한 나무를 수천만 그루나 보호한 사람이다.

그가 오랜 기간 연구해서 1973년에 발명해 낸 불연성 인조 목재는 그간 창틀이나 문틀에 쓰이던 목재를 대체하기 위함이었다.

2009년에 그는 '나뭇결 무늬를 현출시킨 성형재의 제조 방법' 등 특허 50여 건, 실용신안 36건, 의장등록 75건을 보유했다. 대한민국에서 내로라하는 발명가 중 한 사람으로, 1990년에는 발명가 최초로 금탑 산업 훈장을 받기도 했다. 이 외에도 〈뉴욕 발명전〉에서 금메달을 받았고 〈스위스 제네바 국제 발명전〉에서도 금상을 수상하는 등 이력도 화려하다. 인도 같은 큰 나라에도 제품을 납품할 정도로 사업면에서도 성공을 이뤘다.

그가 발명한 인조 목재에는 장점이 하나 있다. 불에 타지 않는다는 것이었다. 이로 인해 화재가 나도 번지는 것을 막아 주는 효과가 생겨 화마로 인한 피해를 줄일 수 있다. 세계 환경도 보호하면서 인명과 재산 피해도 줄이는 발명을 한 셈이다. 이것이 과연 자신만의 대박을 위한 발명일까? 나는 그가 세계적인 명성을 쌓을 수 있었던 이유가 바로 모두를 위하는 마음이 그만큼 진실했기 때문이라고 믿는다.

대박을 향한 워밍업!

집을 한 번 둘러보라. 어떤 것이 불에 잘 타고 덜 타는지 즉각적으로 생각해 보자. 아마 대부분이 불에 타는 소재로 만들어졌을 것이다. 이 모든 것을 전부 다 불연 소재로 만들 수는 없겠지만, 화재가 날 때를 대비해 아예 불이 번지는 걸 원천적으로 차단하는 장치를 만들어 보면 어떨까?

비아그라도
사회 공헌을?

1998년 처음 등장한 후, 전 세계 남성들의 열광적 환호를 받은 비아그라는 이제 상품명을 넘어 하나의 일반 명사로 정착된 느낌이다. 그 이후에 나온 수많은 아류 제품들도 '비아그라군'으로 불리기 때문이다.

사실 비아그라 개발 프로젝트의 본래 목표는 협심증 치료였다고 한다. 그런데 임상 실험 중 뜻하지 않게 발기부전이 치료되는 현상이 발견되면서 결국 발기부전 치료제로 세상에 나온 것이다. 그리고 이 획기적인 약을 만든 제약사 파이저는 세계적 명성을 얻었다.

그런데 파이저사는 자신들이 개발한 비아그라가 단지 정력제처럼 보이는 것이 싫었다고 한다. 그보다는 좀 더 나아가 인류의 보편적 행복과 발전에 기여했다고 밝히고 싶었던 것 같다.

결국 파이저사는 1998년을 기점으로 인류 사회와 자연 환경에 어떤 변화가 있었는지를 연구한 팀에게 막대한 연구비를 지원했다. 그리고 이 연구는 파이저사와 관련이 있는 것이어야 했던 것 같다.

이 지원에 대한 결과는 긍정적이었다. 알래스카 대학의 프랭크 히펠, 호주 뉴사우스웨일스 대학의 윌리엄 히펠 두 형제 과학자는 자신들의 연구를 통해 1998년 이후 바다표범과 순록의 포획량이 현저히 줄어들었다는 것을 확인할 수 있었다.

바다표범의 경우, 그들의 성기를 활용한 정력제 판매량이 1998년 4만 개에서 무려 2만 개로 50퍼센트 가량 떨어졌다고 한다. 이 이야기가 2000년대 초반의 연구 결과이니 지금은 더 할 것으로 보인다.

아울러 캐나다 정부의 조사 결과도 이를 뒷받침했다. 비아그라 출시 이전까지 25만 마리가 잡히던 바다표범의 포획량은 2001년에는 9만 마리 이하로 떨어졌다. 소비자들은 효과가 검증되지 않은 정력제보다는 효과가 확실한 비아그라를 더 선호했다.

파이저사의 경우는 의도적으로 사회 공헌 효과를 만들어 낸 측면도 있다. 비아그라의 홍보에 이 연구 결과를 적극 활용해서 더 큰 시장 가치와 브랜드 이미지 상승 효과를 얻었으니 말이다. 하지만 뭐 어떤가? 그게 사실이긴 하니 말이다. 비록 처음부터 계획한 일은 아니지만 이 정도라면 흔쾌히 "비아그라도 충분히 사회 공헌 제품이다."라고 수긍할 만하다.

대박을 향한 워밍업!

나 자신만의 대박이 아닌, 세상에 획기적인 행복을 가져다 줄 아이디어로 승부하자. 공감대를 얻고, 인류사에 획을 긋겠다는 꿈을 가슴에 품어 보자. 쉬운 일은 아니지만, 아직 아무것도 해보지 않았다. 그러니 꿈과 포부는 크게, 실행은 근성 있게, 아이디어 창출은 날카롭고 자유롭게!

2부
창조력을 뒷받침하는 세 가지 능력

6장
관찰력을 키워라

창조에 필요한 능력 세 가지 중 하나는
언제 어디서든 항상 꼼꼼하고 날카로운 시선을 유지하는 관찰력이다.

관찰이
창조로 이어진다

창조력을 뒷받침하는 능력에는 세 가지가 있다. 내가 제일 처음 제시하고 싶은 것은 바로 언제 어디서든 항상 꼼꼼하고 날카로운 시선을 유지하는 관찰력이다.

국어사전에서는 관찰을 '사물이나 현상을 주의하여 자세히 살펴봄'이라고 정의했다. 글을 읽는 이 시점에서 한 번 주변을 살펴보자. 많은 발명품들이 널려 있을 것이다.

우리에겐 너무나 익숙한 철조망도 관찰의 산물이다. 양을 치던 소년 조셉에게 가장 큰 곤욕 중 하나는 양들이 자꾸 울타리를 넘어 이웃의 콩밭을 망가트리는 것이었다. 그때마다 주인에게 심한 꾸중을 들어야 했던 조셉. 그는 양들이 가시가 있는 장미덩굴 쪽으로는 가지 않는다는 걸 알아차렸다. 여담이지만 아마 조금 억울한 마음으로 양들을 뚫어지게 보고 있다가 그 모습을 발견해 내지 않았을까.

"아, 철사 울타리에도 가시를 달아 놓으면 되겠구나!"

조셉은 대장간에서 일하던 아버지를 찾아가 가시를 친 철조망을 만들었다. 그리고 이것을 양 울타리로 사용하기 시작했다. 다행히 조셉은 특허를 출원하는 것도 잊지 않았고, 철조망은 세계 각국의 육군들까지 사용하게 됐다. 이들은 큰돈을 안을 수 있었다.

니혼전사지라는 일본의 어느 중소기업에서 일하던 오모 씨는 전사지 자르는 작업을 하던 말단 직원이었다. 직업 성격상 칼을 손에서 놓을 수가 없었는데 쓰면 쓸수록 날이 무뎌져서 불편이이만 저만이 아니었다. 우표의 재봉선을 바라보던 그에게 불현듯 칼에도 이런 방식을 적용해 보자는 생각이 떠올랐다. 그렇게 전 세계 사람들이 애용하는 커터 칼이 발명됐다.

스위스에 살고 있던 조르주 도메스트랄이란 사람은 휴일이면 엽총을 들고 사냥을 하는 것이 취미였다. 어느 날 사냥을 마치고 집에 돌아와 보니 바지에 들풀의 작은 겉껍데기들이 잔뜩 붙어 있던 것을 보게 됐다. 툭툭 털어봤지만 좀처럼 옷에서 잘 떨어지지가 않았다.

'왜 이럴까?'

도메스트랄은 돋보기로 풀씨들을 관찰해 보기 시작했다. 그랬더니 풀씨에 작은 톱니바퀴의 가시들이 무수히 붙어 있던 것을 알게 됐다. 그는 여기서 힌트를 얻어 '베그로'라는 것을 발명하기에 이른다. 매직파스너라는 별명을 갖고 있는 이 제품은 지금의 의류, 신발 등에 쓰인다. 한국에서는 흔히 '찍찍이'라고 한다.

앞서 말한 세 가지 예는 생활 현상들을 놓치지 않고 유심히 관찰한 결과가 대박으로 이어진 것들이다. 이렇듯 우리 주변에는 얼마든지 창조로 이어질 수 있는 것들이 널려 있다. 이를 잡아내고 실용화할 수 있는 재주가 바로 창조를 여는 길이다.

대박을 향한 워밍업!

"이 생각을 최초로 한 사람은 누구일까?" "이런 생각을 어떻게 했지?" 정도의 의문이라도 한 번 가져 보라. 그리고 그것을 만들었을 사람의 마음과 그 이전에 어떤 세상이 있었는지를 상상해 보자. 아마 '그저 거기 있어서 보았을 뿐'이었던 사물에게 새로운 매력을 느낄 것이다.

에버그린
로드카

내가 사는 곳은 포항이다. 여름이면 대구와 함께 전국에서 가장 더운 도시 중 하나일 것이다. 햇볕이 종일 내리쬐면 도로 아스팔트에서 올라오는 열기가 더위를 더한다.

　포항시청은 항상 여름이면 고생이다. 도로 아스팔트가 열기에 녹아 부서져 내리는 것이다. 이렇게 생기는 '포트홀' 때문에 생기는 피해가 이만저만이 아니다. 포트홀이란 주전자처럼 동그랗게 파인 구멍을 말한다.

　이 때문에 평평했던 도로에 심한 굴곡이 생긴다. 일반 승용차는 잠깐 덜컹거리고 끝날 수도 있지만 23톤짜리 대형 트럭쯤 되면 이 포트홀이 지옥으로 가는 구멍이 될 수도 있다. 무거운 하중으로 타이어가 간신히 버티는 상황에서 포트홀로 인해 차량의 무게가 한쪽으로 쏠리면 타이어가 폭발한다. 특히 포항은 포스코 덕분에 대형 트럭이 많이 다니는 동네이기도 하다. 이런 사고로 인한 피해 규모가 작지 않다. 그래서 포트홀이 생길 때마다 인력과 장비가 투입되고, 수리하는 비용도 만만치가 않았다.

그래서 생각한 것이 내가 지난 2013년 4월 10일 출원한 특허 '현장 가열 아스팔트 도로 보수 장비'다. 대외적으로 '에버그린로드카'라는 이름으로 알려진 장비다. 기본 원리는 하나다. 포트홀이 발생한 곳에 다시 고온을 가해 아스팔트를 녹이는 것. 그 뒤 진동 롤러를 사용해 도로를 다시 다지고 시간을 들여 굳힌다. 여기에 미진한 부분은 기존에 하던 방식으로 마무리를 한다.

이 방식으로 도로를 정비해 보니 그간 필요했던 엄청난 장비 부담과 인원이 줄어든 것을 확인할 수 있었다. 2014년 2월 현재 아직 사업화 중이지만, 베트남과 인도네시아에서도 많은 관심을 보이고 있다.

대박을 향한 워밍업!
이렇듯 우리 주변에는 얼마든지 창조로 이어질 수 있는 것들이 널려 있다. 이를 잡아내고 실용화할 수 있는 재주가 바로 창조를 여는 길이다.

냉장고도
관찰의 산물

인류가 편리하고 행복해지는 데에 굉장한 기여를 한 발명품 중 하나는 냉장고다. 1748년 윌리엄 컬런은 영국 글래스고 대학에서 최초의 냉동법을 만들어 냈다. 알코올을 기화시켜 주변의 열을 빼앗는 원리를 활용한 것이었다. 좀 더 쉽게 설명하자면 알코올을 몸에 묻히면 빠르게 증발되면서 시원한 느낌이 드는 그 원리다. 이를 자세히 관찰한 컬런이 실험을 통해 최초의 인공 얼음을 지구상에 만든 것이다.

이 원리는 한동안 잊혔다가 증기선이 발명되면서 다시 세상의 관심을 받기 시작했다. 증기선의 등장으로 신선한 생선이 대량으로 도시에 공급되는 데에 꼭 필요한 기술로 인정받은 것이다.

그 이전까지 생선은 보관이 어렵고 쉽게 상해 접하기 쉬운 음식이 아니었다. 이러한 시기, 제이콥 퍼킨스라는 또 다른 발명가가 1834년에 얼음을 인공적으로 만드는 압축기를 발명해서 특허 등록한다. 그는 압축시킨 에테르가 냉각 효과를 내면서 증발했다가 다시 응축되는 원리를 이용했다. 현대 냉장고의 원리이기도 하다.

1862년 냉장고의 아버지라 불리는 제임스 해리슨이 기존 원리들을 잘 활용해서 드디어 냉장고라는 이름으로 제품을 만들어 팔기 시작했고 이는 육가공 업체, 맥주 업체에서 선풍적 인기를 끌었다.

공업형으로만 머물던 냉장고는 1911년이 되어서야 GE에서 가정용으로 생산되기 시작했다. 1930년이 지나서야 프레온 가스의 활용, 소형 압축기 개발 등 끊임없는 지식의 누적과 융합 과정을 거쳐 지금의 가정용 냉장고에 이르렀다.

대박을 향한 워밍업!

냉장고의 발전이 여기서 멈추진 않을 것이다. 양문형 냉장고도 세상에 등장한 지 10년이 안 되는 것으로 기억한다. 가만히 생각해 보자. 지금 냉장고를 사용하면서 겪는 불편함이 분명히 있을 것이다.

SNS를
활용하라

많은 사람들의 내면 가장 아래에는 게으름이 깔려 있다고 생각한다. 그래서 관찰이 습관이자 생활이 되기 전에는 일상에서 놓치고 지나가는 것들이 굉장히 많다. 이 책의 서두에 익숙한 것에 익숙해지지 말라고는 이야기해 두었지만, 어떻게 하면 그럴 수 있을지에 대해선 도통 오리무중인 사람도 있을 것이다. 그래서 한 가지 방법을 제시하고자 한다.

관찰력을 증진시키는 훌륭한 방법 중 하나는 다른 사람들의 이야기를 듣는 것이다. 다른 사람의 시선은 분명히 나의 시선과 다르기 때문이다. 앞서 '보이지 않는 고릴라 실험'을 언급했다. 이 예가 지금도 유효한 의미를 갖는다. 같은 사물을 바라보는 사람들이라도 서로의 시선이 전혀 다를 수 있다는 것을 깨달으면 우리는 익숙함에서 탈출할 수 있다. 그러니 다른 사람의 이야기를 항상 경청해야 한다. 그 이야기 속에서 지금껏 생각지 못했던 새로운 생각을 얻을 수 있을 것이고, 이것이 곧 창조적 사고로 이어질 것이다.

살바도르 달리나 르네 마그리트 같은 화가들의 초현실적 그림들도 우리에게 새로운 시선을 줄 수 있다. 그들의 독특한 시선이 현대 예술가들에게 영감을 주는 것처럼 말이다. 영미 음악에만 익숙했던 사람이 동유럽이나 남미 쪽의 음악을 들으면 낯설고 어색하면서도 묘한 매력을 느낄 것이다.

그래서 전혀 다른 세계를 경험하는 방법으로 나는 SNS를 추천한다. 여기에 빠져서 허우적대라는 말은 아니다. 박지성이 뛰었던 영국의 명문 축구팀 맨체스터 유나이티드의 전 감독 알렉스 퍼거슨은 이렇게 말했다.

트위터는 인생의 낭비다. 차라리 독서를 하라.

SNS에만 빠져서 본연의 할 일을 망각하는 사람들에게 던지는 일침일 것이다. 그러나 목적이 분명하고 지나치지 않은 SNS 활동은 창조와 열린 생각을 구체적으로 실현하는 사람들에게 꼭 필요하다. 무엇보다도 다른 사람의 이야기를 들을 수 있고, 다른 사람에 대해서 알 수 있다는 것이 가장 큰 장점이다. 남들에게 관심을 가질 수밖에 없는 구조인 것이다.

SNS는 철저히 자기중심적이지만 얼마든지 타인을 배려할 수 있는 구조로 이뤄져 있다. 예를 들어 과거 싸이월드에서 다른 사람의 소식을 알려면 일일이 그 사람들의 페이지를 찾아가야 했다. 하지만 지금 유행하는 페이스북을 보자. 자신의 담벼락에 친구로 맺어진 사람들의 소식을 한눈에 다 볼 수 있다. 일일이 찾아갈 필요가 없는 것이다. 이러다 보니 혼자서는 절대 하지 못했을 낯선 생각을 저절로 알게 된다.

트위터도 마찬가지이며, 아마 사용자의 편의를 다각도로 분석하는 SNS는 계속 이런 식으로 한동안 발전할 것이다. 그러니 지나치지 않은 선에서 SNS를 활용하자.

 **대박을 향한 워밍업!**

지금 여러분이 생각하는 어떤 문제, 현상, 사건 등을 자신의 SNS에서 활발하게 이야기해 보자. 그리고 나와 다른 의견에 불편한 마음을 갖지 말고 수용해 보자.

7장
상상력으로 가치를 만들어라

생각과 상상이 가치를 만든다.
그리고 삶의 목적지를 향한 곧은 생각이 삶을 건강하고 활기차게 만든다.
창조에 필요한 두 번째 능력이다.

1조 원 클럽을
목표로

"당신 인생의 목적은 무엇입니까?"

만약 누군가가 내게 이렇게 질문한다면 서슴없이 이렇게 대답할 것이다.

"자산 1조 원 클럽에 가입하는 것입니다."

1조 원 클럽 가입자는 국내에 23명밖에 없다는 얘기를 들은 적이 있다. 젊었을 때 여러 좋은 사람들을 만났고 운도 따라서 이만큼 성장했지만, 나는 그 클럽에 관한 이야기를 듣고 그 그룹에 들고 싶다는 마음이 생겼다. 단지 돈이 많은 부자가 되겠다는 것은 아니다. 인생이라는, 나만의 스포츠에서 이기고 승리하고 싶다는 강한 열망의 상징이다. 1조 원 클럽은 삶에서 목표한 것들을 한

계단씩 이뤘음을 증명하는 상장이며 내가 내게 주는 자격증이다. 세상에게 나를 당당하게 내보일 수 있는 가장 경제적인 방법이 바로 자격증 아닌가.

그러고보니 자격증을 공부하는 젊은이들이 많다. 그들에게 이런 조언을 하고 싶다. 단지 스펙을 쌓을 목적으로만 자격증을 바라보지 말라는 것이다. 세상에 자신의 능력을 보일 길은 많다. 같이 일만 한다면 가진 능력은 얼마든지 보여 줄 수 있다. 중요한 것은 능력을 보여 줄 기회를 스스로 얻어야 한다는 것이다.

처음 만난 임원과 면접 인터뷰를 하는데 "저는 포토샵을 아주 잘 다루니까 직접 보여드릴게요."라고 할 수는 없다. 시간도 없을 테고, 컴퓨터도 면접장에 없을 테다. 면접에서는 그야말로 짧은 순간에 자신을 온전히 드러내야 한다. 이력서도 마찬가지다.

구구절절 설명해 봤자 임원은 포토샵 자격증이 있는 사람을 선택한다. 세상에게 자신을 증명한 사람이기 때문이다. 그러니 자격증을 공부하더라도, '세상에 내 능력을 증명하겠다.'는 마음가짐으로 접근해 보자. 훨씬 의욕이 생길 것이다.

내가 성공을 세상에 증명하려고 선택한 방법은 1조 원 클럽 가입이다. 누가 봐도 아주 명백하다. 이 목표를 달성하기 위해 최선을 다해 살고 있다고 자부한다. 삶의 모든 행동과 생각과 가치가 오롯하게 이 목표를 향해 있다.

생각이 가치를 만든다. 세상을 살아오면서 깨달은 것이고, 앞으로 이 시대를 이끌 청춘들에게 꼭 들려주고 싶은 말이다. 얼마만큼은 내 지론이기도 하다. 이 말을 조금 더 정확하게 이야기하자면, 목적지를 향한 삐뚤어지지 않은 생각이 우리 삶을 건강하고 활기차게 만든다.

그런데 이렇게 당연한 말들은 행동으로 옮기기가 늘 어렵다. 가치를 만드는 생각이 바로 창조 경제를 만든다. 이건 미디어에서 흔하게 이야기하는 슬로건이 아니라 현실이다. 치킨집 하나를 차려도 평범해서는 안 된다. 6개월 안에 망하는 시대이기 때문이다. 이제 생각을 안 하면 생존할 수 없을 만큼 치열하게 살아야 한다. 그러니 이때쯤 한 번 돌이켜 보아도 좋을 것이다. 목적지를 향해 항상 생각을 집중하며 가치를 만드는 삶을 살기 위해 노력하고 있는지 말이다.

대박을 향한 워밍업!

명심하자. 생각이 곧 현실로 이어진다. 무엇이든 상상하라. 이것이 창조의 시작이다.

목표가 있는
상상을 하라

하늘을 날기를 바랐던 라이트 형제의 꿈은 결국 비행기라는 현실로 이어졌다. 그 전에 과연 누가 사람이 하늘을 날 수 있다고 생각했을까? 달에 발을 디딜 수 있다고 누가 생각했을까? 화성에 무인 우주선이 가서 사진을 찍어올 줄 누가 생각했을까?

「아엘리타-화성의 여왕」이란 영화가 있다. 1924년 제작된 구소련 SF영화다. 이 영화에서는 화성에 지구인과 똑같은 사람들이 살고 있다. 그래서 사람들끼리 사랑도 하고 싸움도 한다. 그 이전 소설 『우주전쟁』에서는 화성에서 오징어처럼 생긴 외계인들이 쳐들어오기도 하고 말이다. 그 당시 사람들은 실제로 이런 일이 가능하다고 믿었을지도 모른다. 그러나 이제 그런 것을 믿는 사람은 없다. 그저 상상을 현실로 만든 과학의 힘이라는 것을 알고 즐긴다.

목적지를 향해 흔들리지 않는 건설적인 상상과 생각이 필요하다. '뭘 먹지?'에서 '어떤 것이 먹고 싶지?'라는 질문으로, '어떻게 해야 맛있게 혹은 편리하게 먹을 수 있지?' 같은 생각으로 번지면서 방법을 고민하는 습관을 기른다. 목적지가 있는 질문이 필요하다. 그러면서 점차 자신의 질문에 걸맞는 해답을 찾는 것이다. 사소한 잡생각도 방향을 다르게 잡으면 창조로 이어질 수 있다. 녹음기에서 음악을 재생하는 새로운 기계로 태어난 워크맨처럼 말이다.

길을 걷는 사람의 눈동자가 목적지를 향하듯, 한 사람의 상상은 그 사람의 인생과도 같다. 땅을 보며 걷는 사람은 기운 없다는 책망을 듣기 일쑤고, 하늘을 보며 걷는 사람은 전봇대에 부딪치거나 사고가 나지 않으면 다행이다. 가고자 하는 길로 착착 걸어가는 사람의 눈은 언제나 주변을 두루 살피며 가고자 하는 방향에 바르게 집중하고 있어야 한다. 하지만 엎어지면 코 닿을 곳만 바라보며 걷는 일은 당치 않다. 눈앞에 닥친 일만 해결하며 가는 이는 긴 안목으로 장기적 계획을 가질 줄 모른다. 결국 가고자 하는 곳에 닿지 못할 것이다.

인생의 눈동자는 언제나 목적지를 향해야 한다. 그래야만 딱 한 번만 걸을 수 있는 인생이라는 길을 잘 닦아 나아가면서, 제대로 목표에 다다를 수 있다. 우리의 모든 일상에서 생각과 눈을 목적지를 향해 놓아 두자. 그러면 우리는 인생에 거칠 것이 없이, 삶의 가치를 이루어 갈 수 있다. 최소한, 나는 그렇게 믿고 살아 왔다.

"누굴 만나 술을 먹을까?"에서 "누굴 만나 술을 먹으며 친분을 다지고 목적지까지 함께 갈까?"로. "어떤 방송을 볼까?"에서 "어떤 방송을 봐야 내 교양이 느나? 마침 내가 여성을 위한 사업을 준비 중이니 드라마가 낫나?"로. "배가 체했나?"가 아니라 "왜 체했을까? 어떻게 고칠까? 빨리 낫도록 노력해야겠다."로.

이런 근면과 성실을 기반으로 살아가려면 가끔은 잘 쉬어야 한다. 그리고 이 휴식은 다시 나아가기 위한 준비 과정이어야 한다. 몇 년 전에 읽은 김정운 교수의 『노는 만큼 성공한다』라는 책은 무척 인상적이었다. 무작정 놀기만 한다면 인생에 성공이라는 단 열매가 찾아오기는 힘들다. 문제는 긍정적 의미에서 어떻게 노느냐이다. 기왕이면 좀 더 건설적으로 놀자는 것이 주된 메시지였던 것으로 기억한다.

쇼핑 센터를 한 번 보자. 부부가 함께 쇼핑을 하더라도 대부분 남성은 가서 사려고 계획했던 것을 사는 것으로 그치는 데 반해, 여성들은 이것저것 구경하고 고르느라 많은 시간을 쏟는다. 그래서 남녀가 같이 쇼핑을 다니다 보면 다투는 경우도 종종 있다. 분명

남자들이 체력이 더 뛰어난 경우가 대부분임에도, 이상하게 쇼핑을 다닐 때만큼은 여성들의 체력을 따라가기 힘들다. 어떻게 저렇게 계속 걸어 다닐 수 있는 것인지 신기하기만 하다. 여기에 대해서 쇼핑 센터에서도 많은 고민을 했지만 특별한 해법이 없었다. 기껏해야 남자들이 좋아하는 전자 제품 코너로 유인하는 정도였다.

한 연구에 의하면 의류 매장에 남자들이 앉아 있을 만한 의자를 좀 배치하는 것만으로 매출이 30퍼센트 가량 늘었다고 한다. 여자들이 옷을 갈아입는 동안 잠깐 쉬게 해 주는 것만으로 남자들의 불만이 줄어든 것이다. 남녀 사이도 좋아졌다. 쇼핑 다녀 본 남자라야 알 수 있는 고통을 해결하기 위해선 놀아 봤어야 한다.

예가 조금 조악하지만 말하고자 하는 의도는 아실 것으로 믿는다. 이렇듯 생각에는 생산적인 방향이 있어야 한다.

대박을 향한 워밍업!

방향이 있는 상상과 창조를 위해서 무엇이든 자유롭게 즐겨라. 단, 노는 와중에도 창조에 도움이 될 아이디어와 요소들은 꼼꼼하게 메모해서 상상이 목표에 가 닿도록 하자.

모방에서
창조가 시작된다

상상을 색다르게 하다 보면 뇌도 훈련이 된다. 다양한 방법으로 해법을 고민할 수 있는 재주가 생기는 것이다. 몇 해 전까지 KT가 전략적으로 활용하던 단어는 '상상'이다. 그만큼 '상상'이란 단어가 너무 유행처럼 퍼져 나가서 이제는 조금 식상해진 기분도 든다. 하지만 단언하건대 상상이야말로 인류가 가진 가장 훌륭한 재능 중 하나다.

상상은 몇몇 재능 있는 사람들의 특별한 능력이 아니다. 사실 상상력도 연습의 산물이고, 모방에서 출발하는 것이기 때문이다. 흥행에 성공한 영화 시나리오를 보면 "와, 어떻게 저런 생각을 했지?"라고 놀랄 때가 많다. 하지만 자세히 살펴 보면 이 또한 다 기존에 나왔던 아이디어들의 총집합이다.

조지 루카스가 창조해 낸 훌륭한 SF영화 「스타워즈」에 나오는 수많은 플롯과 장치들도 결국 상당수가 그 이전 온갖 영화와 소설들에서 따온 오마주다. 버려진 왕자, 훌륭한 스승, 기사도의 정신 등 모험 소설의 성격이 여실히 보인다. 「7인의 사무라이」를 만든 구로사와 아키라 감독의 흔적도 곳곳에 보인다. 리들리 스콧 감독이 만든 「에이리언」의 기본 아이디어는 1950년대 영화 「금지된 행성」에서 비롯됐다. 이러한 예는 영화 외에도 문화계 곳곳에서 수없이 찾을 수 있다. 결국 어찌 보면 상상력조차도 모방의 산물일지 모른다. 모방에 모방을 거듭하다 보면 의외의 해결책이 나오는 것이다.

월마트 창업자 샘 월튼은 그의 자서전에서 이렇게 이야기했다.

다른 사람의 것을 베끼는 것이 내가 한 일의 대부분이다.

펩시의 북미 지역 사장은 다음과 같은 말을 강조했다.

아이디어를 훔치는 것이야말로 인간이 할 수 있는 가장 존경스러운 일 중 하나다.

다른 사람의 아이디어를 모아 이를 잘 활용하는 것이야말로 창조의 가장 기본이다.

나는 찍찍이를 이용해 발명한 것이 하나 있다. 창조에 소비한 시간은 단 1시간이었다.

아들이 깁스를 했을 때 일이다. 뼈가 부러져 본 사람은 알겠지만, 뼈가 거의 붙었는데도 깁스를 떼기에는 아직 이른 시기가 되면 피부가 무척이나 간지럽다. 아들이 이런 고통을 겪는 것을 보면서 '깁스를 떼었다 붙였다 할 수 있게 하면 참 편할 텐데.'라는 생각을 했다. 그래서 아들 깁스를 옆으로 두 조각으로 가른 다음 양쪽에 찍찍이를 붙여 봤다. 결과는 대성공이었다. 아들은 가려울 때마다 깁스를 빼서 문제를 해결했다. 친구들도 무척 신기해했다는 이야기를 들었다. 시원해하는 모습을 보고 있자니 무척 흡족했다. 그리곤 깁스를 오래 해야 하는 사람들이 불편함 없이 치료받으면 좋겠다고 생각했고, 이것을 나만의 기술로 완성시키고 싶어서 특허 등록을 했다. 본격적인 사업으로 일궈가진 못하고 있지만 향후 의료기 사업자들이 활용하면 좋겠다.

이렇게 일상에서 태어나는 모든 아이디어는 먼 데 있지 않다. 간단한 체험담을 또 하나 들어 보자.

내가 단골 식당에서 주문을 할 때의 일이다. 사람을 불러도 잘 오지 않아서 조금 답답했다. 그때 문득 이런 생각이 들었다.

'주문마저 자동화하면 되지 않겠나?'

최근 몇몇 프랜차이즈에서 자동 주문 시스템을 쓰는 경우가 있다. 터치스크린 같은 게 테이블마다 있는 형식이다. 하지만 나는 이보다는 좀 더 나은 방법을 생각하기로 했다. 아무래도 터치스크린은 고장도 잦고, 비용도 만만치 않을 터였다. 그렇다면 국민 상당수가 갖고 다니는 스마트폰을 이용하면 어떨까?

적절한 앱을 개발한다. 소비자가 본인 스마트폰에 이 앱을 깔고 식당 QR코드를 찍으면 자동 주문 시스템이 뜨는 방식은 어떨까? 여기에 기왕지사 좀 더 기능을 살려서 결제 기능까지 넣어도 좋을 것이다. 이 방식이 성공한다면 두 가지 정도의 이익이 있다.

첫째, 식당 입장에서는 비용과 시간이 절감되는 효과가 있다. 인건비가 줄고 혼란 없이 정확한 주문이 가능하다. 테이블 회전도 좀 더 빨라질 수 있을 것이다. 무얼 고를지 고민하는 손님들에게 '오늘의 추천 메뉴' 방식으로 추천을 해 줘도 좋다. 잘만 된다면 단골 확보에도 꽤 도움이 될 것이다.

둘째, 손님 입장에서는 주문이나 계산 시 기다려야 하는 짜증이 줄고 만족도가 높아질 것이다. 여기에 더해 이 방식으로 주문하고 결제하는 사람들에게 메뉴 쿠폰이나 5퍼센트 할인 정도의 혜택까지 준다면 더욱 좋을 것이다. 기본적으로 개발에 따른 이익은 모두가 나눠야겠다는 마음가짐이 필요하다.

방금 언급한 생각은 오래 고민한 것도 아니고, 엄청난 기술이 필요한 것도 아니다. 당장의 불편을 참지 않고 극복할 의지에서 나온 생각이다. 그리고 다 기존의 기술들을 활용한다. 현재의 기술과 유행을 항상 관찰하고 익힌다면 창조의 아이디어가 보일 것이다.

대박을 향한 워밍업!

지금 당신을 편리하고 즐겁게 만드는 기술 두 가지를 떠올려 보자. 그리고 불편했던 체험도 하나 떠올려 보자. 그리고 이제 두 종류의 경험에 결합과 응용이 가능한지 자유롭고 즐겁게 상상해 보자.

구글의
상상력

1996년 스탠퍼드 대학생 제리 양과 데이비드 필로가 최초로 검색 엔진 아이디어를 실행한 직후, 야후의 시장 가치는 7개월 만에 10배나 상승하는 기염을 토한 바 있다. 인터넷이 보통 사람들에게도 제대로 알려지기 시작한 것이다.

그러자 의외의 문제가 생겼다. 사람들이 이용이 편리해진 인터넷으로 몰려들면서 오히려 정보가 더욱 늘어난 것이었다. 초기에 야후는 이를 감당하지 못했다. 진짜 정보와 가짜 정보가 마구 섞여서 보였고, 모든 판단은 오로지 사람들의 몫이었다. 1990년대 후반 들어 야후는 이런 선언도 했다.

우리가 파악할 수 있는 인터넷 정보는 채 10퍼센트가 되지 않지만 그것으로도 충분합니다.

하지만 그들의 스탠퍼드 후배들인 래리 페이지와 세르게이 브린은 전혀 다른 생각을 하고 있었다. 그들은 인터넷의 수많은 정보를 검증할 방법을 찾아 보기로 했다.

그래서 얻은 초기 아이디어가 바로 '가장 많이 인용된 논문이 가장 좋은 논문'이라는 생각이었다. 즉, 가장 많이 찾는 인터넷 페이지를 더 자주 보여 주는 형식이다. 이 아이디어를 발전시킨 검색 기술을 대학 내에 공개하자 반응은 폭발적이었다. 곧바로 이들은 실리콘밸리의 업체들을 찾아다니며 기술을 팔아 보려 노력했다.

하지만 돌아오는 대답은 모두 거절이었다. 당시 검색 업체들의 수익 모델은 배너 광고가 많았다. 돈을 받고 검색 상위 랭크로 올려 주는 형식도 있었다. 이 수익 모델에 따르면 이들의 새로운 검색 방식은 광고주들을 모집하기가 힘든 것이었다.

래리 페이지와 세르게이 브린이 실망하고 있을 무렵, 도움의 손길이 찾아왔다. 썬마이크로시스템즈의 공동 창업자였던 앤디 벡톨샤임이 10만 달러를 돕기로 나선 것이다.

결국 래리 페이지와 세르게이 브린은 독자적으로 사업을 시작하게 됐다. 처음에는 회사 이름을 '구골'이라고 정했다. 그런데 이미 구골은 누군가가 선점한 상태였다. 할 수 없이 그들은 '구글'이라는 이름으로 회사를 열었다.

구글의 초기 화면은 광고가 하나도 없다. 여백의 미가 극도로 아름답다. 여기에 더해 구글은 진일보한 광고 시스템을 들고 나온다. 바로 유저 맞춤형 광고였다.

이를 테면 노트북을 새로 사기 위해 인터넷을 돌아다니는 남자에게 화장품 광고는 아무 소용없을 것이다. 광고 노출도가 전혀 무의미하다. 구글은 이 약점을 파고들었다.

노트북을 검색하면 컴퓨터 업체들 광고와 주변기기 광고가, 화장품을 검색하면 화장품 광고와 의류 광고가 나오는 방식으로 말이다. 이것이 바로 애드센스의 탄생이다. 실제로 사람들이 클릭하는 숫자에 따라 광고비를 받으니 광고주 입장에서도 합리적인 선택이었다. 시장은 폭발적으로 늘어났다.

한국에서는 아직 구글의 영향력이 약하다. 하지만 인터넷 접속 통계를 보면 그 접속 빈도는 꾸준히 늘어나고 있다. 네이버나 다음 등 국산 대형 포털들도 이제는 새로운 상상력이 필요한 시기가 아닌가 조심스레 생각해 본다.

참고로 구글의 상상력은 2014년 현재까지도 멈추지 않고 있다. 환경과 에너지, 건강 산업, 실버 산업 등 거의 모든 신성장 분야에 구글의 R&D가 개입되고 있다고 해도 과언이 아니다.

부침이 심한 IT업계에서 시대에 뒤쳐지지 않기 위한 이들의 치열한 노력과 상상력을 응원하고 싶다. 이들의 삶에서 대박은 성과뿐만이 아니라 청년 시절부터 꾸준하게 성장하고 있는 자기 자신을 만나는 일이 아닐까 하는 생각도 덧붙여 본다.

 **대박을 향한 워밍업!**
상상의 힘을 믿자. 모방하고 싶은 기술의 장단점도 파악하자. 여기에서 오는 창조적인 상상에 단점은 무엇인지 다시 되돌아 보자. 시대와 잘 부합하는지를 체크하는 것도 잊지 말 것.

8장
적극성으로 돌파하라

대박의 길로 향하는 당신에게는 아직 부족한 면이 많다.
세상에 '원래'라는 것은 없다.
자기 자신을 내던질 줄 아는 사람만이 창조와 대박을 동시에 가질 것이다.

용기를
가져라

무엇이든 관찰하고, 거기서 솟아나는 것들을 상상하는 것이 창조의 기본 능력이라면 이를 포획할 수 있도록 돕는 힘이 바로 용기다. 용기를 가진 사람이 우리 주변의 상상을 사냥해서 창조로 연결시킬 수 있다. 그렇다면 용기를 가지려면 어떻게 해야 할까?

용기는 고독에서 나온다. 고독하지 않은 사람은 용기를 가질 수 없다. 용기는 자기 자신을 내던지는 것이기 때문이다. 자기 자신을 내던진다는 말은 곧 자신 주변의 모든 것을 버릴 수 있어야 한다는 말이다. 삼성 이건희 회장이 1993년 독일 프랑크푸르트 임직원 연수에서 임직원들에게 "마누라와 자식 빼고 다 바꿔라."라고 했다는 말이 바로 이 말이다. 이건희 회장의 이 발언 이후

삼성의 성장세는 급격히 올라갔다고 한다. 특히 반도체 분야에서 경쟁자들을 따돌리며 세계 1위 기업이 된 원동력이 바로 이런 이건희 회장의 자세라고, 경제 전문가들은 말한다.

그만큼 이 말이 갖는 의미는 의외로 막중하다. 자기 자신을 내던질 용기가 필요한 일이기 때문이다. 그러니 고독해져야 한다.

심심해하라는 소리가 아니다. 혼자 게임을 하거나 혼자 TV를 보면서 시간을 때우라는 소리가 아니다. 자기 성찰의 시간이 필요하다는 것이다. 용기 있게 냉정하게 자신을 돌아보고 남들에 대해서도 다시 생각해 보는 시간을 갖다 보면 놓치고 있었던 많은 것들을 다시 잡아낼 수 있을 것이다. 이렇게 해서 잡아낸 아이디어가 대박으로 이어질 수 있다.

대박을 향한 워밍업!
앞서 말했듯 그 날 혹은 그 달의 메모를 정리하면서라도 성찰의 시간을 가져라.

무조건
알려야 한다

온열 물리치료기를 발명해 세계 의료기기 시장에 새바람을 불러일으켰던 ㈜미건의료기 이상복 회장. 그도 사업 초창기에는 가는 곳마다 문전박대를 당했다고 한다. "이게 무슨 의료기기야!"라는 모욕에 가까운 거절도 몇 차례 받았다. 시장에서 반응을 얻지도 못했고, 소비자들의 신뢰도 역시 바닥을 칠 때가 있었다. 사정이 이러하니 사람들이 거액을 들여 의료기기를 구매할 이유가 없었다.

결국 그가 선택한 홍보 방법은 바로 무료 홍보관이라는 마케팅이었다. 1993년 당시에는 획기적이었던 방법이었고, 진심은 통한다는 자신감이 있었다. 홍보관을 준비하던 차 운 좋게 원광대와 대전대에서 임상시험도 완료할 수 있었다. 힘들여 개발한 제품이 납품이 안 되니 재정 상태는 점점 나락으로 떨어지고 있었지만 제품에 대한 자신감으로 적극적으로 추진했다고 한다. 그의 혁신적인 마케팅 기법은 학계에서도 인정받았다. 2005년에는 한국마케팅관리학회가 수여하는 마케팅 이노베이션 대상을 수상했다.

이런 노력이 결실을 맺어 차츰차츰 입소문을 탔다. 결국 중국의 베이징 의과대학, 우리나라의 충남대학교 병원, 미국의 UC얼바인 대학에 이르기까지 그 효과를 입증받아 대박을 이뤄 낼 수 있었다.

이상복 회장에게 용기와 적극성이 없었다면 그가 이런 성공을 거둘 수 있었을까? 자신이 자부할 수 있는 최고의 창조를 이루어 냈다면 적극적으로 달려들어야 한다. 소심해서 실패하는 사람들이 의외로 많다.

대박을 향한 워밍업!

의료 기술에 주목하자. 최첨단 과학이 동원되고, 겉만 봐서는 대체 어떻게 이런 게 가능할지 신기한 의료 기술이 등장할 것이다. 하지만 꼭 최첨단 기술만 있는 것은 아니다. 내가 발명한 '분해되는 깁스'처럼 간단한 아이디어로도 얼마든지 새로운 의료기를 만들 수 있다. 전망은 밝다.

직접
보여 줘라

 도르래 원리를 활용해 높은 곳을 오르락내리락할 수 있는 기초적인 엘리베이터의 개념은 고대에 만들어졌지만, 현대적 의미의 엘리베이터는 요원한 일이었다. 산업혁명 이후 기초적 기술과 전기라는 동력원이 확보된 이후에도 불안감이 강했다. 무엇보다도 줄이 끊어지면 탑승자 모두가 죽는다는 불안감이 컸다. 이에 미국의 발명가 엘리샤 오티스는 안전장치가 설치된 엘리베이터를 발명했지만 사람들의 의구심은 여전했다.
 오티스는 직접 그 안전성을 보여 주기로 결심했다. 1853년 〈뉴욕 세계 박람회〉에서 오티스는 사람들을 끌어 모아 놓고 충격적인 쇼를 한다. 엘리베이터를 탄 후 조수에게 줄을 끊어 버리라고 한 것. 조수는 시키는 대로 했고, 관객들의 심장은 크게 요동쳤을 것이다. 하지만 오티스는 멀쩡히 엘리베이터를 걸어 나왔고 열광적인 환호를 받았다.

결국 3년 뒤 브로드웨이의 도자기 상점인 하우워트사의 5층짜리 건물에 엘리베이터가 설치됐다. 인류 최초의 승객용 엘리베이터였다. 오티스는 그의 이름을 따서 회사를 만들었고 아직도 이어지고 있다. 아마 독자 여러분도 엘리베이터를 탔을 때 'OTIS'란 글자를 본 기억이 있을 것이다.

자신의 제품에 자신이 있는데 도통 알릴 방법이 없다면 직접 보여 줘라. 앞서 말한 미건의료기 이상복 회장도 마찬가지였고, 발명사에 이름을 남긴 오티스도 마찬가지였다.

대박을 향한 워밍업!
엘리베이터의 등장 덕분에 고층빌딩을 지을 수 있게 됐다고 한다. 이는 공간 자원을 더 효율적으로 활용할 수 있다는 말이다. 하나의 창조가 다른 분야에까지 영향을 미칠 수 있다는 것을 기억해 두자.

실패에서
배워라

어미 독수리는 새끼 독수리에게 비행을 가르치기 위해 새끼를 입에 물고 절벽 위로 올라가 아래로 떨어트린다. 놀란 새끼 독수리는 날개를 퍼덕이며 살고자 애쓰지만 처음부터 잘 되지가 않는다. 결국 바닥에 떨어지기 직전이 되어서야 어미는 새끼를 구해준다. 이 과정을 몇 차례 거쳐야 새끼에게도 강한 날개 근육이 생겨 비로소 비행을 할 수 있다.

마찬가지다. 처음부터 잘하는 사람은 없다. 지독한 실패 과정을 거쳐야 비로소 제대로 된 용기를 갖고 훌륭한 창조의 결과물을 만들 수 있는 경우도 있다. 예를 들어 보자.

독일의 한 제지 회사에서의 일이다. 한 기사가 실수로 대량의 폐기물을 만들어 버렸다. 제조 공정에서 펄프에 풀을 넣는 것을 잊은 것이다. 이 종이에 글을 쓰면 잉크가 마구 번져서 도저히 종이의 역할을 하지 못했다.

결국 그 기사는 해고를 피하기 위해 이 종이를 활용할 방법을 이것저것 고민해 봤다. 결과는 의외였다. 잉크를 잘 빨아들인다는 것에 착안해 흡착지로 활용한 것이다. 특허출원까지 마친 회사는 큰돈을 벌었고 결국 이 기사도 중역으로 승진했다고 한다.

3M의 포스트잇 개발과 관련된 일화도 실패를 발전시킨 예로 유명하다. 스펜서 실버라는 연구원이 개발한 새로운 접착제는 접착성이 약해서 잘 붙었다가도 잘 떨어지는 특이한 것이었다. 기존 접착제를 뛰어넘는 강력한 접착제를 개발하려던 계획이 완전히 틀어져 버렸다. 결국 회사는 특허출원만 해 놓고 생산은 하지 않았다고 한다.

5년 후인 1974년, 아서 프라이라는 3M의 판매원이 이 '쓸데없는' 접착제의 활용 용도를 고안해 냈고 결국 이 발명품으로 세계를 제패할 수 있었다.

실패를 두려워하지 말라는 말은 누구나 할 수 있다. 하지만 실제로 실패를 어떻게 활용하고 이를 극복해 가느냐 하는 방법으로 들어가면 꽤 어려운 문제가 된다. 당사자가 처한 상황에 따라 전혀 다른 해법이 나오기 때문이다.

역사를 보면 성공한 사람들은 확실히 실패에서 결과를 얻었다. 단순히 실패를 겪고 나서 여기서 분발해서 더 열심히 일하는 정도가 아니다.

실패를 한 번도 겪지 않고 곧바로 성공으로 이르는 예는 거의 없다. "내가 왜 실패했는지?" "이 실패를 만회하기 위해선 어떤 일을 해야 하는지?" 등 실패에 대한 꼼꼼한 분석과 대처를 하지 않는다면 실패에서 무언가를 배우기는 글렀다고 할 수 있다.

성공과 대박을 향한 길에는 실패가 있다. 그 실패라는 과정이 유독 긴 사람이 있고, 잘 극복해서 이를 빨리 빠져나오는 사람이 있을 뿐이다. 그러니 누구나 겪는 일 앞에서 좌절하고 절망하지 말자. 두려워하지 않는 마음. 좀 더 덤덤하게 받아들이고 그 다음의 발전을 꾀하려는 도전 정신이 필요할 뿐이다.

대박을 향한 워밍업!

내 발명품 리바콘도 수십 차례의 실패 후에야 세상에 모습을 드러낸 것이다. 마음에 깊이 남는 실패의 경험을 떠올려 보자. 그리고 실행에 옮기지 못하더라도 그 실패를 성공으로 끌어올릴 방법이 무엇이었는지 다시 생각해 보자.

100퍼센트를
목표하라

본질적으로 인생이란 그리 깔끔하지 않다. 먼지 속에서 구르면서 안 좋은 꼴도 보고 살아야 하는 게 우리 삶이란 말이다. 100퍼센트 깔끔하고 무결점한 인생은 존재하지 않는다.

일도 마찬가지다. 어떤 종류의 사업이든지 간에 추진하고 실행하다 보면 항상 계획했던 바와 다른 돌발 변수가 생기기 마련이다. 그래서 100퍼센트의 성과를 기대하고 시작한 일이어도 90퍼센트 정도의 결과를 가져오는 경우가 비일비재하다.

여기서 미묘한 역설이 생긴다. 이런 일을 몇 번 겪다 보면 저절로 마음이 해이해진다는 것이다.

"어차피 이런저런 변수가 생길 거고, 아무리 노력해도 100퍼센트로 결과가 안 나오는데 대충 해도 되지 뭐."

이런 생각이 생기면서 일을 느슨하게 하게 된다. 1970~80년대 한국의 산업화 시대에 이런 정서가 한국 전체에 퍼진 적도 있었다. '빨리빨리 대충대충'이 퍼졌던 것이다. 이렇게 마음가짐을 가지면 어떤 일이 생길까? 예를 들어 대충대충 90퍼센트 정도의 마음으로 일을 했다고 하자. 그런 경우 실제 성과는 80퍼센트를 겨우 웃돌고 만다.

항상 100퍼센트를 목표로 최선을 다하자. 그래야 90퍼센트의 성과라도 올리는 것이고, 몇 번 비슷한 일을 반복해서 하다 보면 이마저 92퍼센트, 95퍼센트 정도로 계속 올라갈 것이다. 그러다가 어느 순간 100퍼센트가 된다.

천재는 1퍼센트의 영감과 99퍼센트의 노력으로 이루어진다.

모두가 어렸을 적부터 들어오고 가슴에 새겨 둔 에디슨의 말이다. 그런데 이 말은 한편으론 꽤 잔인하게도 느껴진다. 왜냐하면 아무리 노력을 다해 99퍼센트를 채워도 1퍼센트의 영감이 부족하다면 천재가 될 수 없다는 뜻도 되기 때문이다. 실제로 에디슨의 의도도 이런 것이었다고 하는데, 이를 최초 보도한 언론사에서 왜곡했다고 한다.

이렇듯 1퍼센트는 무척이나 중요하다. 실제로는 90퍼센트가 되든 85퍼센트가 되든 99퍼센트가 되든, 항상 100퍼센트를 목표로 살아가야 하는 이유이기도 하다. 대한민국을 이끌어가는 삼성, 현대 같은 대기업들도 이런 과정을 통해 지금의 자리에 오를 수 있었다. 이런 자세라면 무엇을 해도 잘 헤쳐 나갈 수 있을 것이다.

대박을 향한 워밍업!

실제로 사회에서 성공했다고 하는 사람들 중 이런 말을 듣는 경우가 있다.

"저 사람 성공은 했는지 모르겠는데 성격이 이상해. 너무 강박적인 것 같아."

그게 과연 강박적인 것일까? 나는 아니라고 생각한다. 그건 강박이기보단 완벽을 향한 집념이다. 보통 사람들로선 그런 집념이 이상하게 보일 테지만 사실 그런 완벽 추구가 성공의 디딤돌이었을 수도 있는 것이다.

영업력을 갖추거나
능력자를 모셔라

 창업은 쉬운 일이 아니다. 그냥 단순하게 말해 '정말 막막하고 어려운 일 투성이'다. 발명자나 개발자들이 흔히 부딪히는 난관 중 하나는 훌륭한 창조를 하더라도 이를 세상에 알릴 재주가 부족하다는 데 있다. 성공 창업의 조건은 크게 두 가지가 있는데 하나는 기술이요, 하나는 영업이다. 이 두 가지가 잘 조화되어야 비로소 성공한 기업으로 자라날 수 있다. 자본금도 없고, 기타 행정적인 문제도 모르고, 오직 기술밖에 없는 사람들이 섣불리 창업하면 실패하는 이유다. 두 개발자가 의기투합해 만든 훌륭한 벤처기업이 망하는 사례를 본 적도 있다. 기술과 영업, 두 조건의 균형이 맞지 않았기 때문이다.

그래서 결국 창업을 위해선 영업력이 필수다. 개발자가 영업도 잘할 수 있다면 금상첨화겠지만 이것이 힘들다면 훌륭한 영업자를 모셔야 할 일이다. 이때 명심할 것이 있다. 삼성을 만든 고 이병철 회장의 말을 인용해 본다.

> 못 미더운 사람은 아예 쓰지 말아라. 단, 일단 쓰려고 결정했거든 모든 것을 믿고 맡겨라. (중략) 부하에게 지울 수 있는 책임은 한정된 직무상의 책임에 국한되며, 일의 성사나 공과(功過)에 대한 책임은 당연히 책임자가 져야 한다. 물론 책임을 위해서는 권한이 부여되어야 한다. 그러나 명심해야 할 것은 권한을 위임해도 책임은 그대로 남는다는 책임 불변의 원칙이다.

정말 사람을 잘 골라야 한다. 삼성마저 한 변호사의 폭로로 휘청휘청했던 게 불과 얼마 전이다. 최근 기업들의 면접 행태도 많이 바뀌었다. 이력서 통과하고 면접 통과하고 신체검사하는 수준이 아니다. 기업은행은 아예 일주일 정도 합숙을 하면서 거의 잠을 안 재운다고 한다. 그 시간 동안 해당 지원자를 면밀히 관찰하는 것이다. 이런 과정을 거쳐야 비로소 지원자의 진면목이 보이기 때문이다. 사람을 골라 쓰는 일은 정말 어려운 일이며 신중에 신중을 기해야 하는 일임에 틀림없다.

하지만 사람을 일단 쓰기로 했다면 믿고 맡겨야 한다. 사람을 의심하고 일을 맡긴다면 일이 될 턱이 없다. 앞서 개발자가 영업자를 찾는 경우를 예로 들었는데, 만약 개발자가 영업자를 의심한다면 되도 않는 참견을 하면서 영업 활동을 방해할 것이 뻔하다.

'왜 이리 영업비를 많이 쓰는 거야?'라거나 '출근 안 하고 게으름 피우다가 다른 사람 만났다고 거짓말하는 건 아닐까?'와 같은 의심이 조금이라도 머릿속에 생긴다면 애초에 헤어지는 것이 낫다. 적당한 권한을 서로 나눠 가져야 한다는 것이다.

대박을 향한 워밍업!

영업력은 성공의 필수 조건이다. 자신감을 갖고 능력자와 협력해라. 끈끈한 파트너십을 토대로 당신의 창조를 사람들에게 알리고 직접 보여 줘라. TV 광고, 전단지 광고부터 시작해서 홈쇼핑, 백화점, 할인마트 등을 사업자의 눈으로 보라.

직장에서도 계속된
창업의 꿈

1군수 지원사령부에서 전차정비로 군 생활을 마무리한 후 대학을 졸업했다. 내가 다닌 첫 직장은 동서화학이라는 회사였다. 내가 맡은 일은 환경관리 업무와 안전관리 업무였다. 대학 시절 따 놓은 자격증 덕분에 취업 자체는 큰 무리가 없었다.

하지만 어린 시절 품은 각오가 나를 평범한 직장인으로 내버려 두지 않았다. 하루라도 빨리 고유의 사업을 하고 싶었다. 창업에 대해서도 이것저것 조금씩 알아보던 시절이었다. 결론은 결국 돈이었다.

물론 요새야 무일푼으로 사업을 시작할 수 있는 시절이다. 아이디어만 있으면 얼마든지 부가가치를 만들어 낼 수 있는 것이다. 하지만 1990년대 초반에 그건 좀 힘들었다. IT나 벤처 창업 등의 열풍이 불기 전이다. 무얼 시작하든 제대로 종잣돈이 있어야 했다.

새벽에 일찍 일어나 월세차 차량을 세차했다. 그리고 출근해서 직장 생활을 하고, 퇴근해서는 포장마차에서 일을 했다. 피곤한 줄도 모르고 일했다. 목표가 정확히 있었기 때문에 가능했을 것이다. 그렇게 눈 딱 감고 1년을 고생했다.

결국 1년 만인 1991년에 1,200만원을 모으는 데 성공했다. 당시 내가 생각하고 있던 사업은 안전보호구 납품업이었다. 회사를 나오고 200만원에 중고차를 1대 샀다. 그리고 창고를 하나 계약했는데 보증금이 1,000만원이었다. 자금이 그냥 바닥났다. 정작 중요한 물건을 살 돈이 없었다. 죽기 아니면 살기라는 마음이 들었다. 안전보호구 책자에 있는 거래처들에게 하나하나 전화하기 시작했다.

"임대차 계약서를 보증으로 내놓겠습니다. 일단 물건을 주실 순 없나요?"

대부분 거절당했는데 한 사장님께 알겠다고 답변이 왔다. 냉큼 계약서와 함께 올라갔다. 계약서 원본을 내놓고 1,000만 원어치 물건을 받았다. 당시 사장님께서 나를 좋게 보신 것이다. "젊은 사람이 기백이 대단하다."고 칭찬하시면서 물건을 내주셨다. 기분이 날아오를 것 같았다. 물건을 싣고 내려와 납품도 해냈다. 당장 손에 300만 원 정도의 이득이 남았다. 참고로 이런 납품업의 마진은 대략 30퍼센트 정도다.

그렇게 시작해서 점점 몸집을 키우다 보니 한 달에 3,000만 원까지 안정적으로 납품을 할 수 있었다. 그럼 한 달에 900만 원씩 남는 것이다. 꽤 성공적인 시작이었다. 하지만 고민이 생기기 시작했다.

'과연 지금 내가 하는 일이 사업일까?'

일이 너무 단순했다. 창의적인 일이 아닐뿐더러 성장성도 별로 없는 것 같았다. 서울에서 물건 떼다가 포항으로 갖고 내려오면 될 뿐이니까. 언젠가는 경쟁도 늘어날 텐데 시장의 수요는 한계가 있다고 판단했다.

결국 '내가 하려던 사업은 이런 게 아니다.'라고 결론을 내렸다. 더 기술을 배워서 창조적인 사업을 해야겠다고 생각했다. 적당한 사람을 알아봐서 회사를 팔고 다시 직장으로 들어갔다. 처음으로 시작한 사업은 이렇게 1년만에 마무리됐다.

 **대박을 향한 워밍업!**
생각만으로, 능력만으로 안 되는 게 세상이다. 근성이 있어야 한다. 하지만 명심하라. 결국 생각과 능력이 뒷받침되어야 근성을 부릴 자격이 있다

두 번째 회사를
세우다

다시 잡은 직장에서는 위험기계기구를 검사하는 일을 했다. 당시 집사람을 만났다.

직장을 다니면서도 여전히 창업 아이템을 계속 찾고 있었다. 하지만 꿈이 있다고 해서 직장 생활을 허투루 한 적은 없었다. 꿈이 있었기에 더 열심히 했다. 그렇지 않았다면 창업해서도 성공은 불가능했을 것이다. 무슨 일이든 최선을 다할 수 있어야 사업에서도 최선을 다할 연습이 되는 것이다.

예를 들어 어떤 청년이 아르바이트를 하면서 '내가 가진 전망은 이게 아니니까 이 일은 대충 해도 돼.'라고 생각하고 있다고 하자. 이런 식으로 적당히 하다 보면 어떻게 될까? 습관이 몸에 밴다. 게을러진다는 말이다. 결국 실제로 본인이 하고 싶은 일에 뛰어들게 되더라도 이 게으름이 쉽게 사라지지가 않는다. 실패를 맛볼 가능성이 높아진다.

모든 일을 다 잘해야 된다는 것은 아니다. 각자의 영역이 있고, 각자의 능력이 있다. 회사를 운영하다 보면 많은 일을 믿고 맡길 사람들이 필요해지는데 여기에 능력을 고려해 적절히 인원을 배치하는 능력도 무척 중요하다. 한 사람이 모든 것을 잘할 수는 없으니까.

다만 젊은 시절에는 무슨 일을 맡든 항상 최선을 다해야 한다. 그게 인생을 살아가는 방법을 연습하는 것이다.

직장 생활을 하면서 아이템을 찾다가 1997년이 됐다. 건설폐기물 처리에 관한 법률이 개정됐다.

그 이전만 해도 건설폐기물을 무단으로 매립하는 사례가 많았는데 솜방망이 처벌이 내려지곤 했다. 그런데 정부에서 여기에 대해 강력히 대응하기로 한 것이다.

개정 이후 무단 매립하는 자들을 구속하는 등 감시가 엄격해졌다. 내가 사업 아이템을 찾은 곳이 바로 여기였다. 폐기물을 합법적으로 처리해 주는 사업을 하자는 것이었다.

꼼꼼한 준비를 거치고 1998년 2월 한동알앤씨를 세웠다. 회사를 창업하고 나니 1년간은 집에 거의 돈을 가져다 주지 못했다.

가장이라면 응당 해야 할 의무를 못 다한 셈이다. 아내에게, 자식들에게 미안한 심정뿐이었다.

그래서 지금 생각해도 항상 고마운 사람이 바로 아내다. 아내는 바느질 솜씨가 꽤 좋았다. 그래서 한복집에 가서 바느질을 하면서 가정의 생활비를 충당했다. 밤새 바느질을 하느라 졸린 눈으로 아침밥을 차려 주고 "우리 신랑 오늘도 파이팅!" 하면서 출근하는 나를 응원했다. 그때를 지금도 잊을 수 없어서 눈시울이 붉어진다.

가족은 이렇게 중요한 것이다. 가족이라는 든든한 울타리 없이 세상이 쏟아내는 한파를 견딜 사람은 별로 없을 것이다. 있다면 성인군자쯤 될는지.

가족을 생각하며 뼈가 부서져라 일했다.

'반드시 성공해야 한다. 가족에게 행복을 주어야 한다.'

머릿속에는 정말 이 생각뿐이었다. 잠을 거의 못 자고 일만 하고 살았더니 몸이 상했다. 너무 피곤해서 정신이 어질어질할 때가 한두 번이 아니었다. 멍청하게 '차라리 교통사고라도 나면 좋겠다. 다리에 깁스라도 하게 되어서 며칠이라도 좀 누워서 쉬고 싶다.'는 생각을 할 때도 있었다.

그래도 보람은 있었다. 일을 하면 할수록 조금씩 성과가 쌓이고 미래가 보였다. 하는 만큼 보람이 생겼다. 피곤이 문제가 아니었다. 일중독자 소리를 들을 만큼 창조와 사업에 몰두했다. 결국 인생은 적극적으로 부딪쳐야 하는 것이었다.

대박을 향한 워밍업!

무슨 일이건, 성과를 얻기 위해서는 최소한 6개월은 몰두해야 한다. 아무리 앞이 보이지 않는 일이라도 6개월을 매진하면 길이 뚫리는 것이다. 아무리 머리가 좋건, 업무 능력이 뛰어나건 상관없이 항상 이 정도의 시간은 걸린다고 본다. 너무 성급해하지 말라.

9장
도전 정신으로 창조하라

인생에는 변수가 너무나 많다.
이때 필요한 것이 도전 정신이다.
도전 정신이야말로 운과 둔, 근을 만드는 능력이다.

운과 둔과 근

이제 이 책도 거의 마무리가 되어 가고 있다. 내가 나름대로 깨달은 창조의 기법을 정리해 보는 시간을 잠시만 가져 보자.

우선, 마음에 가져야 할 자세는 다섯 가지가 있다. 첫째, 불편에 익숙해지지 말고 익숙함에서 탈출할 것. 둘째, 하늘 아래 새로운 것은 없다는 것을 믿고 많은 사례들을 살펴보고 수집해야 한다는 것. 셋째, 다양한 분야에 관심을 갖고 살아가는 것. 넷째, 어떤 활동에서든 진정성을 가질 것. 다섯째, 시대의 흐름을 읽도록 노력해야 한다는 것.

이런 자세로 세상을 살아간다면 서서히 창조를 위한 세 가지 능력이 생길 것이다. 주변의 작은 현상도 놓치지 않는 관찰력, 허

황된 것이라도 현실화시킬 수 있는 상상력, 실패를 두려워하지 않고 과거에서 무언가를 항상 배우려는 적극성이 그것이다.

그러나 이들보다도 가장 중요한 것을 새롭게 하나만 더 말하고 싶다. 바로 도전 정신이다. 당장 위기가 닥쳤다고 해서 포기하거나 지쳐 버리는 것이 아닌, 자기 자신이 극복하고 인내해야 할 과제라고 여기는 도전 정신 말이다. "내가 못할 게 뭐 있어?"라고 한 번 밀어붙여 보는 뚝심이다.

솔직히 고백하건대, 인생에는 변수가 너무나 많다. 아무리 관찰하고 상상하고 적극적이어도 안 되는 일이 분명히 있다. 앞서 계속 강조한 습관들, 그리고 거기서 길러진 능력들이 다 무용지물이 되는 순간이 반드시 온다.

이때 필요한 것이 도전 정신이다. 도전 정신이야말로 운과 둔, 근을 만드는 능력이다. 둔과 근이 무엇이냐 하면, 고 이병철 회장의 또 다른 명언으로 설명을 대신한다.

자고로 성공에는 세 가지 요체가 있다고들 한다. 운, 둔, 근이 바로 그것이다. 사람은 능력 하나만으로 성공하게 되는 것은 아니다. 운을 잘 타고나야 하는 법이다. 때를 잘 만나야 하고, 사람을 잘 만나야 한다는 뜻이다. 그러나 운을 놓치지 않고 운을 잘 타고 나가려면 역시 운이 다가오기를 기다리는 일종의 둔한 맛이 있어야 하고,

운이 트일 때까지 버티어 나가는 끈기라고 할까, 굳은 신념이 있어야 하는 것이다. 근과 둔이 따르지 않을 때에는 아무리 좋은 운이라도 놓치고 말기가 일쑤다.

이 말을 곧이곧대로만 본다면 반감이 생길지도 모른다. '결국 운 좋은 사람이 성공한다는 말이잖아. 나는 운이 없으니 아무리 해도 안 될 거야. 인생은 한 방이었어.'라고 말이다. 그런데 이런 생각이 들었다면 말의 핵심을 놓치고 있는 것이라고, 나는 생각한다.

대박을 향한 워밍업!
"내가 못할 게 뭐 있어?"라고 스스로에게 그저 말해 보자. 지금 가장 필요한 것은 어쨌거나 끝까지 해 보는 도전 정신이다.

최대의
위기

내 얘기를 하나 해 보겠다. 창업하고 2년 2개월이 지났을 때 일이다. 이때 일을 생각하면 지금도 식은땀이 난다. 천당과 지옥을 왔다 갔다 한 셈이니까. 갑자기 업계 전체에 세무조사가 들어왔다. 당시 세무조사 조건이 '창업 2년 미만은 예외로 한다.'였다. 불과 2개월 차이로 온갖 장부와 증빙을 다 내줘야 했다.

  고의로 장부를 조작하고 세금을 탈루하려던 것은 아니었지만 털어서 먼지 안 나는 경우 없다는 말이 우리도 예외는 아니었다. 건설폐기물 중간처리업이라는 게 굉장히 거친 일이라서 장부나 증빙을 꼼꼼히 챙겨서 모든 서류를 완벽히 구비한다는 게 거의 불가능하다. 전문 세무사나 회계사가 붙는다면 얘기가 달라지겠지만 창업 초기만 해도 주먹구구인 부분이 있을 수밖에 없다. 결국 억대의 추징금을 맞았다. 지옥에 떨어진 것이다. 하늘이 노래졌다.

'아, 법인 설립은 3년이 고비라더니…… 결국 이렇게 끝이 나는구나.'

하늘을 보며 원망도 많이 했다. 그간 정말 열심히 살았는데 결국 돌아오는 것이 하나도 없을 위기에 처했으니 말이다.

지금도 그렇지만 당시에도 국세 완납 증명서를 발급받지 못하면 관공서 계약을 할 수가 없다. 당당히 세금을 내고 사업을 해야 하는 것이다. 당시에는 이 당연한 원칙이 밉기도 했던 게 솔직한 심정이다. 그래도 '하늘이 무너져도 솟아날 구멍이 있다는데 제게도 기회를 주세요.' 하고 정말 간절히 기도를 했다.

국세 완납일이 다가오고 있었다. 그날이 지나면 사업가로서 나는 끝이 날지도 모를 일이었다. 그런데 기도가 먹힌 걸까! 완납일 직전에 '건설폐기물 분리 발주법'이 통과되고, 용역 입찰건이 약 10억 정도로 공고됐다. 여기서 입찰을 따내면 사업을 다시 살릴 수가 있었다. 정말 식은땀 나는 타이밍이었다. 시대를 잘못 읽었다고 초반에 언급한 것은 약간의 과장이긴 하다. 하지만 이런 '우연적 위기'조차 어쩌면 시대 흐름의 중요성을 반증하는 사례일 수도 있겠다.

결국 하늘이 도왔는지 5억 정도의 입찰을 따는 데 성공했다. 천국에 온 것만 같았다. 이것으로 겨우 추징금을 낼 수 있었다. 이렇게 처음으로 다가온 큰 위기는 지나갔다. 위기 뒤에 기회가 온다고 했다. 시련을 딛고 일어선 나는 드디어 날개를 달았다.

만약 내가 수억대의 추징금에 절망하고 포기했다면 어떻게 됐을까? 당연히 지금의 나는 없을 것이다. 하지만 포기하지 않았고, 그 위기를 헤쳐가기 위해 계속 주변을 살피고 노력을 멈추지 않았다. 그런 기운이 모여 결국 용역 입찰에 성공한 것이라고 가끔 생각한다.

대박을 향한 워밍업!

홀로서기를 하면 위기는 끊임없이 온다. 그럴 때 의기소침해지지 말자. 처음 자신을 믿은 것처럼 가장 힘들고 외로울 때 스스로에게 용기를 주자.

행운은
만드는 것이다

    그런 점에서 어찌 보면 행운이라는 것조차 만들어 가는 것이다. 나는 골프를 치면서 2013년 한 해 동안 알바트로스, 홀인원, 사이클버디를 기록했다. 평생 한 번도 하기 힘들다는 것이 홀인원이다. 사업을 하면서 뭐든 열심히 하는 것이 몸에 익은 탓인지 골프를 하는 동안에도 좋은 성적을 거둬 상패를 더러 갖게 되었다. 여기에 알바트로스, 사이클버디를 다 이뤄서 내 사무실에 3개의 트로피를 나란히 놓았다.

    내가 2013년 9월에 유난히 운이 좋았던 것일까? 전혀 아니다. 평소에 골프를 즐기던 나는 골프 용품과 관련된 특허가 몇 가지 있다.

처음으로 출원한 골프 관련 특허는 이름이 좀 긴데, '골프공의 퍼팅 타격 위치로 빔을 조사하기 위한 레이저빔이 장착된 버클'이다. 그 밖에도 '휴대가 간편한 골프용 쥐피에스 거리 측정기' '손목 고정 기능이 부가된 골프용 장갑' '퍼터에 결합되는 거리 측정기' '야광 골프공' 등 몇 가지가 더 있다. 다 내가 직접 겪은 불편함을 극복하기 위한 고민의 결과물들이다.

하나하나 자세히 설명할 필요는 없겠지만 아무튼 저 도구들이 큰 도움이 된 것만은 사실이다. 이렇듯 남들이 생각할 때 "저 사람은 운이 좋아."라고 지나칠 만한 것도 사실은 다 내가 만들어낸 운이라고 할 수 있다.

서두에서 말했듯 운은 아무에게나 다 똑같이 찾아온다. 그런데 그 운을 잡아낼 수 있는 실력이 없으면 그냥 흘려보낼 것이다.

대박을 향한 워밍업!
기본 실력을 갖춰야 장비를 활용할 때 실력이 배가 된다. 그러니 운을 만들어가기 위해서 실력을 갖추자.

살펴보고, 고민하고, 떠올려라

역사적인 사례를 보면 더욱 내 말에 공감할 수 있을 것이다. 데일리 카네기는 이런 말을 했다.

행운은 매달 찾아온다.
그러나 그것을 맞이할 준비가 되어 있지 않으면 거의 다 놓치고 만다.
이번 달에는 이 행운을 놓치지 말자.

카사노바는 연애 추문에 휩싸여 프랑스로 도망치는 꼴에 처했지만 끝내 루이 15세의 신임을 얻는 데 성공했다. 하이힐을 유행시킨 장본인이었던 퐁파두르 부인을 통해 루이 15세를 만날 기회를 잡았는데, 그 기회를 놓치지 않았던 것이다. 당시 재정 위기에 처해있던 왕에게 카사노바가 제안했던 해법은 바로 복권 사업이었다고 한다.

이렇듯 실패를 딛고 일어나 성공의 길로 접어든 사례는 수없이 많다. 그렇다고 해서 낙관하고 있으면 안 된다. 항상 실력을 쌓아야 한다. 불현듯, 아주 갑자기 찾아올 행운을 냉큼 잡을 수 있도록 준비해야 한다.

일본의 내셔널사에서는 직원마다 하루에 몇 건 이상 무조건 회사에 제안하도록 사규를 정했었다고 한다. 직원들은 의무적으로 아이디어를 떠올리는 연습을 해야 했다. 이 연습이 쌓이고 쌓여 결국 실력이 되고 회사를 세계 굴지의 대기업으로 키운 것이다. 단지 운이 좋고 시기가 좋아서 회사가 성장한 것이 아니라는 말이다.

앞서 언급했던 '입는 목발'의 발명자 김현일 군도 아래와 같이 내 생각과 비슷한 말을 했다.

아이디어를 열정적으로 생각해 냈다면 끝까지 밀고 나가 보자. 나만이 이런 생각을 할 수 있다는 자신감이 있어야 한다. 처음에는 별것 아닌 아이디어라고 생각할지도 모른다. 하지만 그것이 나만의 아이디어라는 확신이 있다면 밀어붙일 때라고 생각한다. 도전은 안 하면 스스로에게 손해일 뿐이다. 어찌 되든 밑져야 본전이다. 아이디어가 떠올랐다면 시도하라. 그것이 시대를 바꿀 혁명적인 발명일지는 끝까지 가 봐야 알 수 있다.

젊은 사람이 하는 말치고는 깊은 의미가 들어 있다. 보면서 대견했다. 고 이병철 회장이 말하고자 하는 바는, 기본적으로 실력이 전제가 된 상태에서 운과 둔과 근을 기다리라는 것이다. 진인사대천명이란 말이 바로 그것이다. 일단 최선을 다하고 하늘의 뜻을 기다리자. 그래서 잘 되면 너무나 다행이다. 축하받을 일이다.

그러나 잘 되지 않았다고 해서 실망할 일은 아니다. 운이 찾아오지 않았던 것이다. 다시 찾아오길 기다리면서 새롭게 출발하라. 혹시 운이라는 놈이 영 찾아오지 않는다면 직접 만들어라. 둔과 근이 필요한 것이 이때다. 이것이 도전 정신의 요체다. 그래서 나는 '창조는 도전이다.'라고 선언하는 것이다.

대박을 향한 워밍업!
둔하게, 근면하게 운을 기다리자.
행운은 스스로 만드는 것이다.
살펴보고 고민하고 떠올려라.

에필로그

"우와, 드디어 대박!"이라는 감탄사를 속 시원하게
그리고 기쁘게 쓸 삶의 순간을 바라며…….

대박에 대하여

지금 글을 마무리하면서 생각해 보니 "책 제목이 '대박'인데 왜 대박 얘기는 별로 없는 거야?"라는 질문이 들어올 것 같다. 중간 중간 창조적 사고를 통해 대박을 이루는 사례를 많이 소개해 놓기는 했지만 구체적인 얘기를 해 보지 않았으니 말이다. 이제, 대박에 대해서 이야기를 나눠야겠다.

　사업이 크게 번창하면 대박이다. 나 개인의 인생사를 보더라도 현재 대박을 이뤘다고 믿고 있다. 진정한 대박은 1조 원 클럽에 가입했을 때 얘기긴 하겠지만 말이다.

　세상에 대박은 여러 종류가 있다. 로또를 맞아도 대박이고, 부동산 가격이 올라도 대박이다. 꼭 돈이 아니어도 된다. 다른 것과 관련된 것들도 많다. 자녀가 원하는 대학에 입학해도 대박이고 몸을 고통스럽게 하던 병이 나아도 대박이다. 뱃살을 빼도 대박이고 직장에서 승진해도 대박이다.

　지금 여러분을 괴롭게 하는 것이 무엇인지 한 번 돌아보자. 병이라든가 자식 걱정이라든가 가난이라든가. 이것들을 하나씩 하나씩 해결해 가는 것이 인생의 목적일 것이다. 그 목적을 이루었을 때 비로소 '대박'이라는 표현을 쓸 수 있는 것이다. "우와 대박!" 이라는 감탄사를 속시원하게 기쁘게 쓸 순간을 모두가 바라고 있다고 나는 생각한다.

하지만 인생이라는 것은 절대 만만한 것이 아니기 때문에 무언가 하나 해결했다 하더라도 결국 또 다른 과제가 찾아올 것이다. 그러다가 결국 죽음이라는 결코 피할 수 없는 일이 찾아와서 우리 인생은 마무리된다.

그렇기 때문에 우리 삶의 행복은 대박을 이루는 것 자체에 있는 것이 아니라 대박을 이뤄가는 과정 자체에 있다고 믿고 있다. 만약 내가 1조 원 클럽 가입에 성공했다고 하자. 그러면 인생의 목적을 다 이뤘기 때문에 한없이 행복하고 즐겁게 나머지 인생을 살까? 아마도 그렇지 않을 것이다. 또 다른 목적을 하나 만들어서 그걸 이루기 위해 노력할 것 같다. 그 노력 자체를 즐기기 때문이다. 독자들도 마찬가지라고 생각한다. 현재의 어려움을 해결하면 이제 욕심이 없어지고 편안해질 것 같겠지만 새로운 과제가 생기고 이를 풀기 위해 노력하게 되는 것이다.

그러니 인생과 한 판 대결을 벌이는 것 자체를 두려워할 필요가 없다. 어차피 인생은 그런 것이고, 그게 힘들고 피곤하더라도 결국 그것이 행복의 원천이기 때문이다.

여기에 관한 우화가 하나 있다.

어떤 사람이 죽고 나서 소원을 품은 즉시 이루어 주는 곳에서 살게 됐다. 그 사람은 처음에는 무척 즐거워했지만 결국은 지겨워서 천사에게 물었다고 한다.

"도대체 여기가 어떤 천국이오?"

그랬더니 천사가 대답했다.

"여기는 천국이 아니라 지옥입니다."

타고르가 쓴 우화 중 하나다. 제일 좋아하고 많이 인용하는 우화 중 하나인데, 그만큼 우리 인생의 진실을 담고 있다고 생각한다.

그러니 모두들 마음속에 '대박'의 목표를 하나씩 갖자. 그 대박을 이루기 위해 나아가는 과정 하나하나를 서술하자. 대박 사업을 하고 싶다면 우선 자본금을 모을 생각을 하자. 직장에 다니면서도 새벽에 세차를 하고 밤에는 포장마차에서 일하면서 나는 노력했다. 살을 빼고 싶다면 우선 운동을 시작하자. 군것질을 좀 줄이자. 이렇게 하나하나 풀어 가다 보면 결국 대박이 찾아온다. 이 과정 자체가 바로 행복인 것이다.

나는 대박의 꿈을 창조를 통해 이뤘다. 그래서 이 책의 주된 내용도 창조적 사고와 관련한 내 경험과 여러 이야기를 쓰게 됐다. 이제 여러분들 대박의 꿈은 무엇을 통해 이룰 것인가? 여기에 대한 고민을 멈추지 말자.

책을 마치는 마음

하여튼 책을 쓴다는 것이 정말 어려운 일임을 절감했다. 박사 학위 논문을 낼 때나 학술자료를 발표할 때보다도 더 어려웠던 것 같다. 수많은 자료를 모으고 이를 정리하느라 밤을 새워야 할 때도 있었다. 하지만 다시 한 번 발명사를 돌아보고 최근 사례들까지도 연구하다 보니 여러 모로 뜻깊었던 것도 사실이다.

"와, 이 발명은 나도 할 수 있었는데!" 하면서 무릎을 탁 칠 정도로 단순하면서도 훌륭한 아이디어들이 계속해서 우리나라 젊은 이들에게서 솟아나오고 있었다. 나도 젊은 시절의 열정을 잊지 말고 계속 도전 정신을 갖고 살아야겠다는 다짐을 하게 됐다.

처음에 책을 쓰자고 마음먹었을 때 자서전 종류의 책을 구상했다. 내 삶을 위주로 창조 정신에 대해 강조하다 보면 젊은이들에게도 많은 도움이 될 것 같다는 생각이 들었다. 하지만 생각해 보니 나는 아직 그런 걸 쓸 시기가 아니라는 것을 깨달았다. 사람들이 나에 대해 궁금해 하지도 않을 게 뻔했다. 혹시 20년이나 30년 후에, 1조 원 클럽에 가입한다면 자서전을 낼지도 모르지만.

그래서 결국 내 이야기는 대폭 줄이고 실제로 독자들에게 도움이 될 만한 구성으로 내용을 다시 잡았다. 독자들이 궁금해 할 것은 내 인생이 아니라, 성공의 비결일 테니 말이다.

내 생각을 다섯 가지 기본자세와 세 가지 능력, 한 가지 지향으로 정리했다. 그러나 사실 이러한 분류에는 겹치는 부분들이 더러 보였을 것이다. 인생의 모든 일은 다 서로 얽히고설켜 있기 때문에 단순히 "이거는 이거고 저거는 저거다."라고 단정하고 칼같이 분류하기가 조금 어려웠다.

내가 언급한 기본 자세와 능력을 하나씩 결합해서 통섭의 교량을 한 번 그려보는 것도 재미있는 작업이 될 것 같다. 그러다 보면 또 다양하고 기발한 생각들이 가능할 것이다.

만약 기회가 온다면 독자들 개개인의 다짐도 듣고 싶다. 그리고 나 본인의 다짐도 다시 다지고 싶다. 계속 되새겨야 하는 게 바로 결심이니 말이다. 그냥 놔두면 흐트러지고 흔들려 버리니 잡아 두지 않으면 안 된다.

개인적으로는 항상 나를 믿고 최선을 다해 보필해 주는 아내와 인생의 빛이나 마찬가지인 아이들에게 감사의 인사를 전한다. 가족들에게는 평생 수억 번 고마움을 전해도 부족할 것 같다. 아울러 지금까지 읽어 주신 독자 여러분들께도 진심으로 감사 드린다. 삶에 꼭 대박이 깃들기를 진심으로 기원한다.

도움받은
책들

『1990~2008 발명유공자 지식경제인』, 서건희 저, 발명이야기, 2009.

『21세기 대한민국 선진화 전략 스위스에서 배운다』, 장철균 저, 살림, 2013.

『나는 세계 일주로 경제를 배웠다』, 코너 우드먼 저, 홍선영 역, 갤리온, 2011.

『노는 만큼 성공한다』, 김정운 저, 21세기북스, 2011.

『디퍼런트』, 문영미 저, 박세연 역, 살림, 2011.

『발명가로 성공하는 길』, 김인석 저, 세창, 1998.

『발명심서』, 원인호 저, 발명이야기, 2007.

『보이지 않는 고릴라』, 크리스토퍼 차브리스·대니얼 사이먼스저, 김명철 역, 김영사, 2011.

『블루오션전략』, 김위찬 저, 강혜구 역, 교보문고, 2005.

『사물의 민낯』, 김지룡 저, 애플북스, 2012.

『사회공헌백서』, 전국경제인연합 편, 2009.

『슈퍼 브랜드의 불편한 진실』, 나오미 클라인 저, 이은진 역, 살림, 2010.

『역사의 종말』, 프랜시스 후쿠야마 저, 이상훈 역, 한마음, 1992.

대박

펴낸날	초판 1쇄 2014년 2월 26일
지은이	천기화
펴낸이	심만수
펴낸곳	(주)살림출판사
출판등록	1989년 11월 1일 제9-210호
주소	경기도 파주시 광인사길 30
전화	031-955-1350　팩스 031-624-1356
기획·편집	031-955-4675
홈페이지	http://www.sallimbooks.com
이메일	book@sallimbooks.com
ISBN	978-89-522-2851-2　13320

※ 값은 뒤표지에 있습니다.
※ 잘못 만들어진 책은 구입하신 서점에서 바꾸어 드립니다.

이 도서의 국립중앙도서관 출판시도서목록(CIP)은 서지정보유통지원시스템 홈페이지
(http://seoji.nl.go.kr)와 국가자료공동목록시스템(http://www.nl.go.kr/kolisnet)에서
이용하실 수 있습니다.(CIP제어번호: CIP2014005493)

책임편집 구민준